当代设计卓越论丛
许 平 主编

大漠天工
——敦煌绘作制度研究

魏丽 著

东南大学出版社
·南京·

图书在版编目（CIP）数据

大漠天工：敦煌绘作制度研究／魏丽著．—南京：东南大学出版社，2019.1
（当代设计卓越论丛／许平主编）
ISBN 978-7-5641-8110-9

Ⅰ.①大… Ⅱ.①魏… Ⅲ.①敦煌石窟-美术考古-研究 Ⅳ.①K879.21

中国版本图书馆 CIP 数据核字（2018）第 262078 号

大漠天工——敦煌绘作制度研究

著　　者：魏　丽
责任编辑：许　进
出 版 人：江建中
出版发行：东南大学出版社
社　　址：南京市四牌楼 2 号　邮编：210096
经　　销：全国各地新华书店
印　　刷：南京玉河印刷厂
版　　次：2019 年 1 月第 1 版
印　　次：2019 年 1 月第 1 次印刷
开　　本：889mm×1194mm　1/32
印　　张：7.75
字　　数：204 千字
书　　号：ISBN 978-7-5641-8110-9
定　　价：46.00 元

本社图书若有印装质量问题，请直接与营销部联系。
电话：025-83791830

序

工业革命以来，尤其是20世纪百年以来的世界政治、经济、文化格局，在21世纪的短短十数年间正在悄然变化。全球生态的危局、全球通信的扩张、全球贸易的衰减，这些激荡不已的因素将发展获利的对立以及发展途径的冲突以更为现实的方式摆到世界面前。以国际化、自由化、普遍化、星球化四大趋势为标志的全球化进程，因为其"超越民族—国家界限的社会关系的增长"[①]而备受争议，同时也更加激起源自文化多样性及文明本性思考的种种质疑。尤其是全球化过程所隐含的"西方化""美国化"甚至"麦当劳化"等强势文化因素，不仅将矛盾纷争引向深入，而且使得这个以去地域化的贸易竞争、信息掌控为标志性手段的现代化过程，日益明显地演变为一场由技术而至经济、由政治而至民生的"文明的冲突"。

现代文明的矛盾与现代设计的发展有着深刻的内在关系。人类文明的多元性在历史上从来都是以生产方式的在地性与生活体

---

① [英]罗兰·罗伯逊，[英]扬·阿特·肖尔特. 全球化百科全书. 南京：译林出版社，2011：525.

验的情境性为基本特征而存在的,而现代设计从一开始就以适应抽象化的工业生产体系为主旨,以脱离传统的文化变革、审美重建为目标,因此它与一种"解域化"(deterritorialization)的生产发展之间有着几乎天然的策略联盟甚至需求共振。这种贯穿于形式表层及评判内核的价值重构,加剧了当代生产与设计中"文化与地理、社会领域之间的自然关系的丧失"①。它意味着,现代设计与全球生产经贸的同步在促使生产中的情境体验消解于无形的同时,催生了一种超越地域约束的标准与语境。而对于传统羁绊的摆脱,则进一步促使现代设计进入全球经营模式,在无限接近商业谋利的同时与20世纪汪洋恣肆的消费文化狂潮结盟。这使得本来担负着文明的预设与生活价值重建责任的现代设计,事实上需要一种与商业谋利及资本合谋划清泾渭的理论清算。毫无疑问,进入21世纪以来的现代设计一方面面临着前所未有的全球扩展,另一方面则面临一系列必须予以及时反思与价值澄清的重大课题。今天,这种反思在全球范围逐渐推开,从设计本体的价值观、方法论、思维与管理模式,一直延伸至与设计相关的社会、经济、文化、审美等一系列跨领域的研究。

中国设计问题的复杂性事实上与这个历史过程结为一体。在中国,现代设计从手工生产时代逐渐剥离并成为一种独立的文化形态,其间经历两次意义重大的发动期。第一次产生于20世纪初,一批沿海新兴城市开始兴起最初的工商业美术设计实践;第二次发动产生于20世纪中期,来自设计高校的教育力量通过这

---

① Néstor Gartía Canclini. 混杂文化;[英] 罗兰·罗伯逊,[英] 扬·阿特·肖尔特. 全球化百科全书. 南京:译林出版社,2011:306.

次发动奠定了中国现代设计及设计教育的基本格局，并将其延展至制造、出版、出口贸易等领域。其间尽管由于中国社会的沉沦波折而历经坎坷，但总体而言两次发动深刻地影响并规定着中国现代设计发生及发展的历程，今天则或许正迈入第三次历史性发动的进程。应当说，中国设计在这个过程中所呈现的创造性活力与其暴露的结构性缺陷同样明显，并且同样未曾得到应有的总结与澄明。尤其值得注意的是，现代设计的强势输入，隐含着忽略中国自身问题研究的危险。改革开放以来的很长时段内，中国设计界不少的精力投于引介西方的工作中，毫无疑问，这些工作为推进中国设计的成长作出了积极的贡献；但是一旦设计开始与中国社会的实践密切结合，设计问题本身的国际因素以及国情的介入，都将使设计发展的路径更加扑朔迷离，仅以单纯的模仿已经不能适应新的发展需要，而这正是长期以来以西方设计的逻辑与方法简单应对中国实践而成果往往并不理想的原因所在。

因此，在继续深入引介与学习国际经验的同时，一个主动思考中国设计发展方向与战略、价值与方法，主动研究中国设计现实问题与未来走向的时代已经开启。这种开启的现实背景正是：中国已经成为世界第二大经济体，并正在向第一大经济体迈进，中国经济的任何不足都将成为世界的缺陷，中国文化的任何迷误都将加深世界发展的困局。这一逻辑将同样适用于：中国设计的未来足以影响全球化进程的未来。

近年来，一批以这种研究为目标的阶段性成果已经开始从国内学者中突显。本套"卓越论丛"也因上述背景及实践的发展应运而生。本论丛以当代中国最重要及最敏感的设计问题研究为导向，以全球化理论框架为参照，以事关中国现代设计发展的基础理论、方式方法、思维导向、管理战略、教育比较等广泛议题为范畴，以民生福祉为圭臬，集中当代学者智慧，撷取一批研究成果予以结集出版。

论丛名为"卓越"，既抱有在世界设计发展的格局中创造卓越、异军突起的期冀，也包含着在中国治学传统的氛围下锥指管窥、见微知著的寄寓。无论是写与读的面向，论丛都以设计的青年为主体；在选题上，将尽力展现鲜活、敏锐的新思维特色。要指出的是，设计问题领域广泛，关涉细琐，加之长期缺乏基础理论建设，许多现实中的设计问题往往积重难返，一项研究并不足以彻底解决问题。本论丛选题皆不求毕其功于一役，仅期望一项选题就是一个思想实验、学术履新的平台，研究中能够包含扎实、细致与差异化的工作，以逐步地推开研究中国问题的勤学之风、思考之风。期望以此为契机，集合一批年轻的朋友，共同开创这片思想的天地，共同灌溉这株学术的新苗，共同回应我们肩负的可能影响民族未来的历史的寄予。

谨以此序与诸君共勉。

许平　谨识于望京果岭里
2010.4—2014.4

目 录

前 言 |1

1 图像权力——敦煌行政制度对敦煌艺术的影响 |10
   1.1 敦煌行政制度下的石窟营建 |10
   1.2 营建资源的来源 |26

2 考工西北——敦煌的工匠制度 |39
   2.1 工匠的等级结构 |39
   2.2 敦煌工匠队伍的构成 |47
   2.3 敦煌工匠信息一览表 |73

3 网罗笔墨——敦煌的画院制度 |78
   3.1 文字记载中的画院制度 |78
   3.2 壁画中反映出的画院制度 |94

4 法度别裁——设计制度视角下的设计实践 |107
　　4.1 敦煌壁画中的辅助线 |107
　　4.2 造像中模制工具的应用 |131
　　4.3 图案设计 |154

5 天工开物——敦煌绘作制度 |186
　　5.1 敦煌绘作制度的定义及特点 |186
　　5.2 敦煌绘作制度的内容和意义 |198
　　5.3 石窟营建过程的复原 |209
　　5.4 结论　道可道也 |222

参考文献 |228

致　谢 |236

前　言

敦煌石窟包括莫高窟、西千佛洞、东千佛洞、安息榆林窟以及肃北的五个庙石窟。敦煌石窟所展现出的灿烂的艺术成果究竟是怎样被创造出来的？这种创作过程所体现出来的设计思想和设计制度是什么？这一设计制度是如何起源、发展、演变以及实际施行的？它与中亚和长安的关系如何，地位怎样，影响又是什么？

敦煌绘作制度，即通过考察敦煌石窟的岩面布局、洞窟形制、壁画塑像以及相关的历史文献，对敦煌石窟营建和艺术创作背后所蕴含的制度性内容进行深入而系统的分析研究，力图总结出当时敦煌所存在的典型的设计制度。

如果说敦煌绘作制度是对古代中国社会、文化、艺术和宗教形成与发展构架的一种初步的理论性探索，那么本书的章节安排也是一种简单的尝试性写作。为了阅读的顺畅，我将相同性质的材料和问题放入同一章节中进行讨论，对于不同章节间的相互关联，我先作出如下说明。

本书第一章和第五章，分别从时代背景、典型洞窟、岩面布局等方面，来讨论敦煌绘作制度在敦煌石窟营建中的作用，明确绘作制度与不同历史时期的行政制度、经济结构之间的具体关系。第二章从社会关系、文化层面指出敦煌工匠制度与绘作制度的内在联系。第三章指出敦煌到了五代宋时期，绘作制度被具有强制执行力的实体性机构，即曹氏画院制度所代替。

以上各章节主要从宏观的角度去考察制度性的东西对敦煌艺术的影响，明确了绘作制度与各历史时期的行政制度、经济结构、社会关系、文化层面等的具体关系以及绘作制度的主要表现形式和特点。

本书第四章则是从微观的角度去看工匠在绘作制度下的具体的艺术创作，该章亦是本书的重点章节。该章通过对体量巨大的艺术作品的深入观察，来探索艺术创作的特殊形态和历史逻辑，这不仅印证了以上章节中所提出的绘作制度，还充分说明了绘作制度与工匠制度、画院制度之间的内在联系。这为理解中国古代工匠的创作体系提供了本土的术语和逻辑。

敦煌绘作制度贯穿于整个敦煌艺术的创作过程中。在以后的研究工作中，我还想将敦煌绘作制度放置于整个中国古代设计体制与设计思想的大的历史框架和理论框架中加以考察，通过对比同时期的敦煌与敦煌之外的国内区域，如长安等地和国外区域，如中亚、日本等地的设计制度和设计理念的不同，去认识当时的敦煌所具有的独特性以及其来源、地位和影响；再通过与前后不同时代的设计制度，如宋代的画院制度等的对比，去认识敦煌绘作制度的历史纵深性，从而对其有一个比较立体全面的认识，为中国古代设计体制补写8世纪的敦煌这一值得浓墨重彩、大书特书的一章。

敦煌石窟的艺术形式的丰富性，不仅体现在不同时代的洞窟之间，即便是同时代的洞窟，依然也存在着大量不同的表现形式。我们以为，如此繁复的内容和精彩的表现不可能是自发的、零散的、即兴的创作。如果没有制度的规范和相对稳定的内在结构的支撑，这些成果的取得是难以想象的。敦煌伟大杰出的艺术成果背后一定隐含着一种实在的设计结构和设计制度，而这也正好回答了很多学者所关心的问题：敦煌的壁画或独立的造像是如何创作出来的？这些技术从何而来？创作者又是如何运用和发展这些技术的？创作者的生存状况、社会经济地位、技术训练以及技术传承究竟是怎样的？

2014年9月5日，来自中国敦煌石窟保护研究基金会（China Dunhuang Grottoes Conservation Research Fundation）的主席米米·盖茨（Mimi Gates）女士在中央美术学院美术馆学术报告厅举行了"敦煌石窟——问题思考"的讲座，米米·盖茨女士也同样提出："敦煌的艺术创作者来自哪里？他们是如何进行石窟营建工作的？可见，关于敦煌的创作者以及创作者的工作方式等，都是中外学者所关注但又未解答的问题。

如果说从前对既存的敦煌艺术成果的研究是一种所谓"顺序"的研究的话，那么上面所涉及的种种问题或许可以称作一种"逆序"的研究，也就是说我们将追溯敦煌艺术成果诞生之前的种种过程以及这些过程的规律，本源性地回答敦煌艺术从哪里来、到哪里去的问题。这种回溯不仅仅是对具体创作过程的复原，通过具体过程看到其所蕴涵的整体性结构才是我们真正的意图所在。我相信这种研究将有助于使敦煌的艺术成果立体化为一个庞大的活体结构，更为重要的是，以敦煌为中心，我们可以总结出我国中世纪实存的而且被历史证明为具有杰出效果的设计制度。如果能够再从时间上与宋代的画院制度、从地域上与中亚乃至日本的设计成果和制度进行对比研究的话，那么我们更将对我国传统的设计体制的形成、发展以及其特征和影响等等问题有更为深入的认识。这无论对于中国古代艺术史还是中国古代设计史都将具有重要的理论意义。

  选择这样一个研究题目，与笔者的专长和兴趣有着直接的关系。笔者在硕士研究生阶段，一直致力于敦煌壁画中的纹样研究。笔者的硕士论文《敦煌壁画中地毯图案的研究》对所涉及洞窟的细部特征进行了深入的观察与探索，对织物纹样做了详细的个案分析，总结出敦煌纹样在使用上的特征。但是对于纹样细节的分析毕竟只是敦煌壁画呈现给我们的最终成果，要想回答为什么使用这样的纹样、为什么纹样会如此变形或如此使用等更深层次的问题，就不得不对壁画背后的设计理念和设计制度有所了解。然而就目前的研究状况来看，我发现针对敦煌艺术的设计制度研究仍然是学界比较薄弱的环节。在许平老师的悉心指导下，我开始将关注的重点转向对敦煌的设计制度的探索。许老师鼓励我将自己所积累的对敦煌艺术研究的心得和体会与在博士期间系统学习的设计理论相结合，努力发现敦煌壁画、造像乃至洞窟形式背后所蕴含的制度性内容。随着思考的逐渐深入，我越来越觉得非常有必要对敦煌的设计制度进行深入而系统的研究，所以我最终选择了这样的研究题目。

  目前，针对敦煌绘作设计制度的整体性研究仍然是学界比较薄弱的环节，然而与此相关的对敦煌艺术中壁画、塑像等的研究却已经取得了不少成果，值得我们借鉴。国外学者比较重要的成果有：

日本著名的美术史家秋山光和先生在《中国艺术·佛教洞窟寺庙的新研究》一文中，对敦煌经变画白描粉本作了开创性研究，提出了敦煌纸本画中有一部分是敦煌石窟壁画的"白描粉本"。他探讨了画稿与绘画的关系，其内容还涉及敦煌地方粉本画稿的存在与发展及画工画匠与粉本画稿的使用等问题。

日本从事敦煌美术史研究的山崎淑子女士在《试论贞观时期和武则天时期莫高窟的某些特点》一文中，她以实际壁画资料为依据进行敦煌绘画粉本画稿的研究。她通过对莫高窟第217窟的考察，进而发现与其时代相同的一些洞窟的同类壁画在使用粉本画稿上有着密切关联。这表明在唐代前期敦煌洞窟壁画的绘制已大量使用了粉本画稿。

美国学者胡素馨女士（Sarah E. Fraser）在《敦煌的粉本和壁画之间的关系》一文中，通过对分藏于巴黎、伦敦、圣彼得堡等地的敦煌白描稿的实地考察，将白描画稿进行了分类，并大致探讨了各自的使用方法和特征。她在另一篇文章《佛教艺术的经济制度：杂物黎、储藏室和画行》中指出，在8世纪到9世纪中期的中国，艺术和工艺行业技术服务的整体职业化和高度组织化已经形成，在"曹元忠、翟夫人重建第96窟的颂词"中展示出一个高度组织化的壁画制作环境。

Images de Dunhuang 一书，是由法国著名汉学家戴仁（Jean-Pierre Drège）主编，书中收录了包括胡素馨女士在内的欧美学者的5篇论文，其中4篇即是讨论敦煌的画样画稿问题。

除国外学者的研究成果之外，国内学者也对敦煌的画稿与画院等问题有过不少探讨，并形成了一批重要的研究成果，比如：最早研究敦煌画院问题的是早年在敦煌进行实地考察的向达先生。向达先生在《莫高、榆林二窟杂考》一文中的第四部分"敦煌佛教艺术与西域之关系"中分别讨论了"论画壁制度""论粉本比例及其他""论天竺传来之凹凸法""论绘画之空间概念"等命题，并第一次提出敦煌"画工""画匠"问题，还简要说明了敦煌壁画粉本画稿资料及其在壁画中的表现。

1978年，法国巴黎出版了饶宗颐先生《敦煌白画》一书，饶宗颐先生通过对法藏敦煌白画的考察，探讨了"白画源流与敦煌画风"，从"白画与敷彩""素画与起样""粉本模拓刺孔雕空与纸范""敦煌之画官与画人""敦煌图像与邈真图赞""敦煌画风与益州"等几方面加以讨论。饶先生不仅注意到"敦煌白画"中有作为粉本、稿本等成分，而且对敦煌"画官"与"画人"从绘画史的角度进行了考察。然而该书对每一幅白画仅作简单描述，对其详细内容注意甚少，对白画的分类似乎过于宽泛而难以详解其细。

1981年，杨泓先生发表了《意匠惨淡经营中》一文，他从绘画史的角度，探讨了几件敦煌"白描画稿"在具体洞窟壁画制作过程中的作用和表现，并指出敦煌粉本应该分为整壁大铺画稿和局部细节画稿两类；他还探讨了粉本来源等问题。然而杨泓先生的探讨并没有与敦煌壁画艺术相联系。

1983年，姜伯勤先生《敦煌"画行"与"画院"》一文指出，在归义军曹氏时期，沙州不仅已出现了民间的'画行'，还建置了隶属官府的'画院'。姜伯勤先生从沙州"画行"与"知画行都料"、沙州"画院使"与"院生"、"都画匠作"与官府作坊中的画匠这三个方面进行了讨论，说明画匠或画人在唐末五代的身份地位已有所提高，高级画师往往处于设计者的地位。在姜先生的另一篇文章《论敦煌的"画师"、"绘画手"与"丹青上士"》中，有"说'画体'与'画样'"一节，其中讨论了作为"粉本"的 P. 3939、P. 2012 等画稿，从"画体"与"画样"的角度对白描进行了分析。2011 年中国人民大学出版社再版了姜伯勤先生 1987 年的著作《唐五代敦煌寺户制度》一书，该书第四章第六节讨论了寺户制衰落与"都料""博士""院生"的大量存在有着密切的关系，说明 9 至 11 世纪的沙州封建城市经济已发展到一个新的高度。这些都为敦煌画作的设计制度研究奠定了坚实的史学基础。

1996 年，马德先生的《敦煌莫高窟史研究》一书，对敦煌莫高窟营建的各个时代的社会历史背景，各个时代各个阶层与莫高窟的关系以及莫高窟在敦煌历史上的社会作用等问题，进行了总体的研究。同时，1997 年马德先生编著的《敦煌工匠史料》一书，将敦煌文献中所散存的，有关记载敦煌古代工匠的史料进行了梳理，并进行了分类和考察。马德先生的这两本著作，不仅为我们研究敦煌工匠提供了重要线索，还为我们整体地认识莫高窟提供了一个系统的逻辑结构。

2003 年，兰州大学敦煌学研究所公维章先生完成了博士论文《涅槃、净土的殿堂——敦煌莫高窟 148 窟研究》。论文认为画稿 s. 4193 是"洞窟壁画结构布局草图"，是反映整体壁画内容布局规划的设计稿。这又为我们考察敦煌设计制度提供了重要资料。

施萍婷先生编撰的《敦煌遗书总目索引新编》一书，为检索敦煌遗书提供了极大的便利。樊锦诗、李国、杨富学编著的《中国敦煌学论著总目》，对敦煌学研究的学术论文和著作进行了详细的分类和编排，为检索相关研究主题的学术论文提供了丰富的资料和重要线索。

近年张惠明先生的《有关佛教绘画图像的画样与底本问题——以敦煌画迹为实例的研究》，从绘画角度分别对敦煌画中的新样文殊、五台山化现图、维摩诘经变、水月观音进行研究，单纯分析了这几类图像底本的创作与画样变化。

2006年，沙武田先生出版了《敦煌画稿研究》一书。他以藏经洞发现的画稿为中心，通过对洞窟壁画的考察，按照画稿主要作用对象、画稿的相互从属关系来对敦煌画稿进行分类。同时，他以莫高窟第98窟为例，指出画稿的使用造成了洞窟壁画的模式化倾向。沙武田先生的著作对于研究画稿与壁画的关系起到了极大的促进作用。然而该书并没有对画稿的制度性内容做深入探讨，而且某些画稿到底是什么性质尚需要我们重新考察。

近代的大学者王国维曾经提出学术研究的一个重要方法——二重证据法，即将地下出土的文献与传世文献相结合的学术研究方法与理念。由于本书所涉及的敦煌艺术的复杂性，我不揣冒昧将我所采用的研究方法总结为"四重证据法"：也就是将藏经洞所出敦煌文书与传世史籍中所记录的有关当时设计制度的内容相互结合，再将藏经洞所出的图像资料与敦煌现存的洞窟壁画资料相互结合。利用这"四重证据"，通过历史学的视角考察当时河西地区的历史地位与政治环境；通过社会学的分析考察当时"行会"工人的生存状况；利用民族学、边疆学的成果考察当时中外文化的交叉影响；更重要的是还要通过图像学的分析方法去考察壁画、画稿与传世美术作品的关系，最终总结出敦煌艺术背后整体的设计学思想和设计制度情况。

由于与敦煌绘作制度相关的资料本身就比较分散与复杂，仍然需要大量时间和精力加以整理，而其中牵涉到工匠创作体活动的史料非常有限，也需要竭力寻找。同时，对于敦煌绘作制度的研究具有开创性，其中的制度性内容往往隐含于大量的图像资料和文献资料背后，既需要极为深入细致地具体分析，又需要宏观考察、整体把握和总结理论，因此这一选题不能不说是一项巨大的挑战。但是我相信凭借自己对敦煌资料和设计理论的掌握，我是可以完成这一题目的。

　　另外，敦煌的文献资料有很多收藏在国外，特别是敦煌藏经洞绘画作品中属于画稿的部分现藏于英国国家博物馆、法国巴黎吉美博物馆、俄罗斯国立艾尔米塔什博物馆、印度新德里国立博物馆等，而"敦煌文献"（佛经、写本、文书、手稿等）中的画稿，则主要保存在英国国家图书馆、法国国家图书馆、俄罗斯圣彼得堡东方学研究所等地。这些画稿所用的纸张是否有涂抹的痕迹、线条笔法与墨色的浓淡等问题都与本课题息息相关，然而却并非都是可以凭借照片、图录可以解决的。所以如果有些许的误判，应当也是可以理解的，只能期待有机会亲自目验后，再加以调整与修正了。

1 图像权力——敦煌行政制度对敦煌艺术的影响

本章通过考察敦煌历代的行政制度,来了解敦煌不同时代的政治生态与敦煌石窟群的营建之间的关联,进而根据史料和具体图像,对不同时代的典型洞窟作出整体观察,理清洞窟的营建时间、工程用料、主持营建者、窟主、预设的观者等具体问题,来讨论其空间关系、视觉形象以及其与政治的互动,进而了解各时代的政治生态对敦煌艺术创作产生的影响。

1.1 敦煌行政制度下的石窟营建

1.1.1 魏晋南北朝时期的敦煌

1)北凉

圣历元年(公元698年)《大周李君(义)莫高窟佛龛碑》是对敦煌最早石窟的记载:"莫高窟者,厥前秦建元二年有沙门乐僔,戒行清虚,执心恬静,尝杖锡林野,行至此山,忽见金光,状有千佛,遂架空凿龛。次有法良禅师从东届此,又于僔师窟侧，更即营造。伽蓝之起，滥觞于二僧。"① 碑文中记录了敦煌莫高窟始建于前秦建元二年，即公元366年，多数的研究文献都以公元366年乐僔和法良造窟为莫高窟历史之始。据马德先生研究，乐僔和法良所建洞窟为今第268、272窟。②

而敦煌莫高窟第一次初具规模的营建是在北凉时期。据《魏书·释老志》载："凉州自张轨后，世信佛教。敦煌地接西域，道俗交得，其旧式村坞相属，多有寺塔。"北凉重佛教，沮渠蒙逊在都城凉州聚僧译经，并在州南南山开窟镌像。③ 地处凉州境内的敦煌是河西地区的佛教活动中心。因此，在公元370年前后敦煌佛教受到凉州影响是很自然的事。

与沮渠蒙逊有关的北凉统治集团和僧侣统治集团，在敦煌莫高窟进行过一次大规模的营造活动。马德先生根据佛教史籍和其他学者的研究成果，并联系和对照崖面上的现存遗迹后认定，这一时期组织营造了莫高窟268、272、275窟。这三个洞窟是一组完整的佛教建筑群体，其中268窟为禅室、272窟为供朝拜的佛殿、275窟为用作教育和宣传的讲堂。三个洞窟中的壁画和塑像按其作用统一布局和绘制，这组洞窟是北凉时期一次完成的。④

这组洞窟在建筑布局和壁画塑像的题材、内容等方面表现出

---

① 宿白. 中国佛教石窟寺遗迹：3 至 8 世纪中国佛教考古学. 北京：文物出版社，2010：7.
②④ 马德. 敦煌莫高窟史研究. 兰州：甘肃教育出版社，1996：55-57.
③ [日]冈崎敬. 四、五世纪的丝绸之路与敦煌莫高窟//敦煌文物研究所. 中国石窟·敦煌莫高窟》（第一卷）. 北京：文物出版社，1987：198-206；宿白. 中国佛教石窟寺遗迹：3 至 8 世纪中国佛教考古学. 北京：文物出版社，2010：55-59.

了其体系的完整性。可见，北凉时期的洞窟营建是统一计划、安排和完成绘制的集体行为，工匠之间已有分工合作，才能完成具有一定规模而又独具特色的佛教建筑整体。另据马德先生对崖面的考察，认为："北凉以来，洞窟营造一般为集体劳动，分工负责，流水作业。在一个时期内，一个区域的洞窟有固定的开凿班子造作，他们必须是按顺序开凿，而不能超越。"[1]

近年，在敦煌、酒泉等地先后发现十二座北凉沮渠蒙逊、牧犍时期（428—434）的佛教石塔造像。据王毅、殷光明等先生多年的研究，石塔造像的题材、内容、艺术风格及其所反映的社会背景与北凉三窟有很多共同之处。[2] 可见，河西地区的营建工作是经统一规划和安排的。

这应该是由北凉统治集团亲自主持营建的结果，只有统治集团才能集中相当的财力、人力来完成如此规模的营建工作。同时，工匠们的分工合作、集体劳作的模式，只有在强有力的统治集团的支持和培训下才能实现。所以，敦煌自北凉开始，就由专业的营建队伍建立了基本的工作模式。

2）北魏

6世纪初崔鸿《十六国春秋·北凉录》记：公元439年，北魏攻陷凉州，"徙虏及宗室、士民十万户于平城"。[3] 五世纪初，统一北方的北魏太武帝，于太延五年（公元439年）攻灭北凉，掳凉州民众十万余户，迁至北魏都城的平城。平城在494年以前

---

[1] 马德. 敦煌莫高窟史研究. 兰州：甘肃教育出版社，1996：64.

[2] 王毅. 北凉石塔//《文物参考资料》文物参考资料编辑委员会编. 中国古典艺术出版社，1977（1）；殷光明. 敦煌市博物馆藏三件北凉石塔，1991（11）.

[3] [宋]李昉，等. 太平御览. 卷124引. 北京：中华书局，1960：603.

是北魏的政治、佛教中心。因此，这里创作的新样式，必然要影响到外地。

北魏在公元444年建立了敦煌镇，直接控制了敦煌。① 敦煌作为北魏经营河西的重要基地，北魏加强了对敦煌的控制，这为敦煌地区带来了中原的佛教文化，这是北魏吸收了凉州佛教以后，经平城到洛阳的发展而形成的更高水平的文化。

所以当时敦煌开凿洞窟必受到平城、洛阳的影响，特别是460年即已开始凿窟的云冈石窟的影响，详见本书4.2节"造像中模制工具的应用"一节。敦煌这种积极的、开放性的学习态度，在各个历史时期都有体现，敦煌艺术因此也不断获得了艺术生命力。

3）西魏

正光五年（公元524年），敦煌因盛产美瓜而取名"瓜州"，领敦煌、酒泉、玉门、常乐、会稽无郡，治敦煌。② 公元534、535年，东、西魏分立，河西属于西魏版图，元荣作为西魏的瓜州刺史，一直到大统十年（公元544年）。在元荣统治敦煌的近二十年中，他团结敦煌豪右，使境内保持安定。

东阳王元荣系北魏宗室，他于公元525—542年出任瓜州刺史。北朝第二、第三期洞窟基本都是在元荣任瓜州刺史时代营造的。③ 这个阶段，莫高窟洞窟的形制逐渐走向多种样式，壁画中

---

① [唐]李吉甫. 元和郡县图志. 卷四十陇右道沙州，贺次君点校. 北京：中华书局，1983：1025-1026.
② [唐]李吉甫. 元和郡县图志. 卷四十陇右道沙州，贺次君点校. 北京：中华书局，1983：1027.
③ 马德. 敦煌莫高窟史研究. 兰州：甘肃教育出版社，1996：67-69.

出现东方事物的盛况。

公元495年孝文帝迁都洛阳,开凿了龙门石窟,确立了中原的造像艺术风格。[①] 东阳王元荣是从北魏首都洛阳西来的宗室,东阳王崇信佛教,元荣曾出资写经十余部,有数百卷之多,他写过数百部佛经,敦煌遗书中还保留有五件实物。[②] 他很可能从中原招募来了画工塑匠,把洛阳一带的新事物带到了敦煌,促进了敦煌与中原的文化交流。

目前学界已公认西魏第285窟为元荣所开,285窟内的壁画、塑像的艺术风格与以前所有洞窟的壁画、塑像迥然不同,是全新中原风格,东北南三壁上的壁画人物都是秀骨清像式。这很可能是因为东阳王从洛阳来敦煌时带来了中原(甚至南朝)的工匠,或者至少是带来了新的佛画粉本。[③]

以249、285两窟窟顶壁画为例,有禽兽驾车的西王母、东王公,有持规矩的伏羲、女娲,有朱雀、玄武。这些都是东汉画像石、六朝绘画、砖刻及北魏石刻中所习见。

调查过第285窟壁画的日本学者田口荣一指出,北壁、西壁、南壁所绘内容都可在他抄写的佛经中找到典据,因而认为元荣抄写的经典与壁画的题材有某种关系,元荣可能参与了壁画的

---

① [日]冈崎敬. 四、五世纪的丝绸之路与敦煌莫高窟//敦煌文物研究所. 中国石窟·敦煌莫高窟(第一卷). 北京:文物出版社,1987:198-206.
②③ 贺世哲,敦煌研究院. 敦煌石窟论稿. 兰州:甘肃民族出版社,2003:503-506.

选定。① 所以，作为敦煌最高统治者的元荣，不仅主持洞窟的开凿与营建，还参与了壁画的设计与规划。

4）北周

公元557年，宇文觉废西魏，立北周。敦煌作为西陲重镇和中西交通的咽喉，受到了宇文氏王朝的极大重视。大约公元565—576年任建平公于义为瓜州刺史。② 在皇帝佞佛思想的影响下，当时王宫大臣多笃信佛教。元荣在莫高窟也进行了开窟造像的活动。

现学界公认北周第428窟为于义所建。第428窟的造像已不同于西魏第285窟那种秀骨清像的风格，而是面部轮廓方圆，脸面略嫌平滞。大约在魏末周初时，以张僧繇为代表的南朝画风——张家样传至长安，并与北方佛教艺术有机结合，产生出一种新型的佛教艺术式样，俗称"陕西派"。之后，作为宇文氏佛教造像的模式，这种式样也被东方的刺史带到了西陲重镇敦煌，莫高窟北朝晚期洞窟中广额方颐、身体矮壮之佛像新样，与张氏"骨气奇伟""面短而艳"之画风是一脉相承的。③

北周第428窟这些新事物都渊源于东方，弟子出现在一铺佛像之中，龙门宾阳洞和巩县第5窟就开始了，麦积西魏开凿的

---

① 《敦煌石窟学术调查第一次报告书》东京艺术大学美术学部编（1983年出版）第三章"关于第二八五窟的模写及学术调查的成果"中，田口荣一执笔的"关于壁画"；[日]吉村怜. 天人诞生图研究：东亚佛教美术史论文集. 卞立强，译. 上海：上海古籍出版社，2009：138.

② 宿白. 中国佛教石窟寺遗迹：3至8世纪中国佛教考古学. 北京：文物出版社，2010：67-68.

③ 米芾. 画史//文渊阁四库全书. 台湾：台湾商务印书馆影印，第813册，第1页；李崇峰. 佛教考古：从印度到中国. 上海：上海古籍出版社，2014：396-406.

121窟也出现了弟子；壁画并排多幅佛像应是壁面列龛的简化，前壁布置本生故事最早也见于龙门宾阳洞。①

建平公于义赴任时或许从中原带来了一批工匠，莫高窟这时出现的许多新题材、新特征等，因为中原的僧俗来这里开窟造像，会很自然地把他们所熟悉的东方样式和东方当时的佛教思潮反映出来。北周洞窟中出现的新的特征，可能就是他与其他几位刺史从中原带来的。

由此可见，从北凉至北周，敦煌石窟的营建都是在敦煌最高统治者的领导下进行的。这是一种自上而下的管理模式，即敦煌的最高统治者们不仅负责资金的筹集、洞窟式样的设计，甚至还组织了营建队伍，所以敦煌石窟一开始就有成熟的管理体系，因而石窟艺术也表现出统一规划的特征。

1.1.2 隋唐时期的敦煌

公元589年，隋灭陈，统一了中国，为敦煌的兴盛打下了基础。隋朝时期敦煌的建置，依然是瓜州下辖敦煌郡，郡下辖敦煌县等县。州都督和郡守均由朝廷派驻。隋王朝经营河西，交通西域，发展对外贸易。《隋书·裴矩传》中记载了隋炀帝令裴矩往敦煌经营西域，炀帝随后西巡，"西蕃胡二十七国，谒于道左"。② 隋仁寿年间（601—604）杨坚曾颁布过《建舍利塔诏》，令在瓜州（敦煌）崇教寺（即莫高窟）建塔，说明隋朝统治者

---

① 宿白. 中国佛教石窟寺遗迹：3至8世纪中国佛教考古学. 北京：文物出版社，2010：67-68.
② [唐] 魏征，等. 隋书. 卷六七《裴矩传》. 北京：中华书局，1973（2011.6重印）：1580.

曾关注过这里的佛教。① 敦煌出土过一些隋朝皇室成员的写经,②表明隋朝对敦煌的控制和影响已经日渐增强。

隋文帝和隋炀帝都十分佞佛。在统治阶级崇佛浪潮的推动下,敦煌各阶层民众在短短三十几年中,仅在莫高窟一处,就开凿了七八十个洞窟,③经过隋朝的营建,莫高窟已形成完整而颇具规模的窟群崖面。隋代空前兴盛的开窟造像,为唐代的佛教艺术高峰奠定了坚实的基础。

唐代前期的敦煌,在全国统一、国力蒸蒸日上的大环境下,也得到充分发展。在建置上,唐代沿袭隋设敦煌为瓜州,公元622年瓜州东移,敦煌为西沙州,公元633年又改称沙州;8世纪中期的天宝年间曾一度废州设敦煌郡,不久复为沙州,一直沿用至14世纪的明朝时期。④

沙州下辖敦煌、寿昌二县,共十三个乡,唐代的均田、籍帐制度贯彻到每个乡里,在严格的律令制管理体制下,敦煌生产得以稳步发展。天宝时（742—755）,沙州有户6 395,口3 2234。⑤可见当时敦煌地区的社会稳定、经济繁荣,这给莫高窟的大规模营造和高超的艺术创作提供了物质和文化基础。

---

① 史苇湘. 福田经变简论//阎文儒,陈玉龙. 向达先生纪念论文集. 乌鲁木齐：新疆人民出版社,1986：307-308.

② [日]池田温. 中国古代写本识语集录. 所收敦煌隋代写经题记,东京大学东洋文化研究所,1990. 荣新江. 敦煌学十八讲. 北京：北京大学出版社,2001：21.

③ 荣新江. 敦煌学十八讲. 北京：北京大学出版社,2001：43.

④ 马德. 敦煌莫高窟史研究. 兰州：甘肃教育出版社,1996：76.

⑤ [唐]杜佑. 通典. 卷一七四《州郡典》敦煌郡条,王文锦,王永兴,等点校. 中华书局,1988：4 556.

敦煌莫高窟的南北大像的建成，不仅是莫高窟营建史上的壮举，也是开元、天宝时期国力强盛、社会稳定、经济繁荣的象征。

130窟，即南大像，高26米，始建于开元九年（公元721年），① 至于完工年代，根据下层甬道北壁供养人乐庭瓌的结衔"晋昌郡太守兼墨离军使"推断应在天宝、至德年间（公元742—758年），所以，南大像从开凿到完成用了近三十年的时间。据公元865年的文献《莫高窟记》："……开元中，僧处谚与乡人马思忠等造南大像，高一百二十尺。"② 可知该窟的主持营建者是僧人处谚与乡人马思忠，但由该窟甬道两侧绘的晋昌郡都督乐庭瓌及其夫人太原王氏供养画像来看，乐庭瓌也是该窟的重要出资者。

96窟，即北大像，高33米。在上述的《莫高窟记》中又有："延载二年禅师灵隐共居士阴祖等造北大像，高一百四十尺。"这说明该窟的营建时间为公元695年（延载只1年，二年实为天册万岁元年），③ 该窟的主持营建者为灵隐禅师与阴祖居士。

---

① 1960年在该窟顶部壁画地仗与崖体之间的夹缝间发现写有"开元十三年"题记的发愿文幡，证明该窟在开元十三年（公元725年）时尚未开始壁画的绘制。证明当时已开凿完毕。就是说，130窟在莫高窟崖壁上最多只用了四年时间就已凿出。马德. 敦煌莫高窟史研究. 兰州：甘肃教育出版社，1996：36-37.

② 据《旧唐书·地理志》，河西道瓜州都督府天宝元年（公元742年）为晋昌郡，历天宝、至德，至乾元元年（公元758年）复为瓜州，贺世哲. 从供养人题记看莫高窟部分洞窟的营建年代//敦煌研究院. 敦煌莫高窟供养人题记. 北京：文物出版社，1986：202.

③ 贺世哲. 从供养人题记看莫高窟部分洞窟的营建年代//敦煌研究院. 敦煌莫高窟供养人题记. 北京：文物出版社，1986：202；萧默. 敦煌建筑研究. 北京：机械工业出版社，2002：320.

如此巨型佛像的出现，说明了当时敦煌的社会经济力量得到空前发展；而敦煌稳定的政治环境又促使工匠们开始了对艺术形式的新探索，雄伟、壮丽成为艺术家所追求的时代风貌，这也是唐王朝实际有效地控制敦煌和唐朝文化渗透到敦煌的具体体现。

1.1.3 吐蕃统治时期的敦煌

河西地区于建中二年（公元781年）开始为吐蕃统治，吐蕃统治六十七年（习称中唐）。[①] 吐蕃统治敦煌时期，沙州上属瓜州节度衙管辖，属下的原唐朝的敦煌县十三个乡依其军政合一的建置被改建为十三个部落（千户），同时又将所有的僧尼集中起来组成一个僧尼部落，并委任汉族官吏及贵族担任部落及其以下的百户之类的基层官员。[②]

吐蕃本来信奉佛教。在他们统治河西的时期，这里的佛教大为兴盛，寺院林立，僧尼日增。在吐蕃统治初期，沙州有僧寺九所，尼寺四所，僧尼三百一十人。到吐蕃统治末期，寺院增加到十七所，僧尼猛增到数千人，而沙州的总人口只有两万五千人左右。这些寺院和内地一样，都有三纲，并有寺户和土地，不受官府管辖，享有种种特权。[③] 僧尼的大量增加，僧尼所占的比例很大的，减少了劳动人口，使百姓负担大大超过唐朝时期。

[①] 段文杰. 唐代后期的莫高窟艺术//敦煌文物研究所. 中国石窟·敦煌莫高窟四. 北京：文物出版社，1987：161-174.
[②] 马德. 敦煌莫高窟史研究. 兰州：甘肃教育出版社，1996：92.
[③] 藤枝晃. 敦煌的僧尼籍. 东方学报（京都），1959年；荣新江. 转自《敦煌学十八讲》. 北京：北京大学出版社，2001：26；段文杰. 唐代后期的莫高窟艺术//敦煌文物研究所. 中国石窟·敦煌莫高窟（第四卷）. 北京：文物出版社，1987：161-174.

吐蕃时期，修补和重修的先代窟龛有40多座，新建了50多个窟龛，① 其中有明确的建窟纪年题记的为沙门洪䇹所建的第365窟和阴嘉政所建第231窟，也称阴家窟。阴氏世为敦煌豪族，吐蕃时期兄弟数人均为吐蕃属官，因而所造洞窟规模较大而有严谨的整体设计。窟内《阴处士公修功德记》详尽而如实地记载了此窟的形制和内容。②

可见，中唐时期的敦煌，主要的主持营建者还是处于社会上层的世家大族或上层僧侣，他们不仅筹集资金、调度工匠，甚至还对洞窟的形制和壁画内容进行总体的设计。

1.1.4 归义军时期的敦煌

公元851年，唐朝在敦煌建立河西归义军政权，任命张议潮为节度使，敦煌从此开始了延续近二百年的归义军时期。归义军前期（晚唐）只是唐朝的一个军镇，但独立性十分强；而归义军后期（五代、宋初），实际已是一个地方王国。③ 张议潮、曹议金家族主政时期，莫高窟新修和改建的洞窟分别为83个和274个。④

---

① 马德. 敦煌莫高窟史研究. 兰州：甘肃教育出版社，1996：93-98.
② 第231窟内容在阴处士功德记中有详尽的记载："……贸良工，招锻匠，第二层中方营窟洞，其所凿窟额号报恩君亲也，龛内塑释迦牟尼并声闻、菩萨、神等共七躯，帐门两面画文殊、普贤菩萨并侍从，南壁画西方净土、法华、天请问、宝恩变各一铺，北壁药师净土、华严、弥勒、维摩变各一铺，门外画护法善神。" 这与洞窟实际内容完全吻合，展示了吐蕃时期石窟内容和结构的特点。
③ 荣新江. 敦煌学十八讲. 北京：北京大学出版社，2001：27.
④ 敦煌研究院. 敦煌石窟全集·本生因缘故事画卷. 香港：商务印书馆（香港）有限公司出版，2000：198-200.

1）归义军前期（晚唐）

张议潮在占领瓜、沙等州后，恢复唐制，重建州县乡里和户籍土地制度；又整顿清理寺院财产，立河西都僧统司，以管理境内僧尼大众。[①] 敦煌地区出现了安定和繁荣的社会景象。张氏家族笃信佛教，尊礼名僧。由于统治者的倡导、组织和身体力行，莫高窟的佛窟营建活动成为敦煌地区民众自发的行动。这一时期，莫高窟的营造活动高涨，上至最高统治者节度使，下至平民百姓甚至奴婢，都在莫高窟留下痕迹。

这一时期的经变画中以以正胜邪的《牢度叉斗圣变》最富时代特色，以巨幅画面在壁画中大量出现，这是对张议潮收复河西的历史壮举的颂扬。这一时期还出现了供养人画像中的杰作——张议潮夫妇出行图，每幅画中人物有一百多余个，该图处于第156窟南北两壁下部，是由张淮深在咸通六年（公元865年）建绘。

这都不同程度地说明当时的社会状况与政治形势，对敦煌的艺术创作产生了重要影响，而佛教石窟除了表达教义和宗教内容外，还具有了特定的社会作用。

2）归义军后期（五代、宋初）

公元914年，曹议金取代张承奉，奉中原王朝为正朔，仍称归义军节度使。曹议金采取了一系列的措施来维护自己的统治，对内整纲肃纪，笼络幕僚，取悦民族，发展生产；对外积极改善与周边民族的关系。

---

① 荣新江. 敦煌学十八讲. 北京：北京大学出版社，2001：27-28.

在曹氏家族掌握归义军政权长达143年（公元911—1054年）① 期间，统治者们不仅自己率先大事营造佛窟，而且还倡导和组织幕僚及民众一同营造佛窟。佛窟营建活动是这一时期敦煌社会生活的重要内容之一。

不同于历代营建者的是，曹氏政权在莫高窟崖面上所有的洞窟龛前面都建造了木构殿堂和窟檐，敦煌遗书和洞窟壁画题记等文献资料对这一时期修造殿堂、窟檐也有十分丰富的记载。

始建于公元695年的96窟北大像，在后来的时代里经过多次重修。其中最重要的一次维修是在公元966年五六月间，曹元忠与夫人浔阳翟氏主持下维修北大像的下三层。现藏于巴黎的敦煌文书CH00207《乾德四年重修北大像记》详细记载了这次重修的全过程。萧默先生转录了日本学者松本荣一先生的《敦煌画研究》中的部分内容：

> "……遂睹北大像弥勒，建立年深，下接两层，撑木损折。大王夫人见斯颓毁，便乃虔告焚香，诱谕都僧统大师，兼及僧俗官吏，心意一决，更无二三。不经旬时，缔构已毕。"②

马德先生的《敦煌莫高窟史研究》中出现的部分录文如下：

> "大宋乾德四年岁次丙寅五月九日
> ……
> 助修勾当：应管内外都僧统辩正大师赐钢惠、释

---

① 史苇湘. 敦煌历史与莫高窟艺术研究. 兰州：甘肃教育出版社，2002：124-136.
② 萧默. 敦煌建筑研究. 北京：机械工业出版社，2002：320.

门僧政愿启、释门僧政信力、都头知子弟虞候索幸恩；一十二寺每寺僧十二人；木匠五十六人、泥匠十人。其工匠官家供备食饭；师僧三日供食，已后当寺供给。"①

由二则录文可知，因为北大像主要是材木损坏，其主要工作是换柱、缚绷阁、上材木等，所以木匠是本次工程的主要承担者，用木匠共56人。据史苇湘先生统计，该工程每天役使306个僧俗劳力，共计用工3672个，该工程从备料营建到完成仅用了12天时间。②这在当时不足两万人口的瓜沙归义军地区，可见工匠队伍的工作效率之高。

另外，录文中的都僧统钢惠负责维修工作，其他的僧俗官吏也都参与此次工程。这说明曹氏归义军时期，这种政教联合、僧众共同劳作的工作模式是非常普遍的，详见本文第三章。

在其他的敦煌文献中也有大量的关于窟前木构建筑的相关记载，如敦煌文书P.3302v《河西都僧统宕泉建龛上梁文》记录了在公元933年二月，新任河西都僧统的王和尚修建了自己先前所开莫高窟143窟的窟檐的情况。其中有关于工匠的生动描述，部分录文如下：

"凤楼更多巧妙，李都料绳墨难过，算截本无弃者，方圆结角藤萝；栱枓皇回软五，攒梁用柱极多；直向空里架镂，鲁班不是大哥。康博士能行锛斧，苦也不得㾮

---

① 马德. 敦煌莫高窟史研究. 兰州：甘肃教育出版社，1996：143-144.
② 史苇湘. 敦煌历史与莫高窟艺术研究. 兰州：甘肃教育出版社，2002：124-136.

㺜。张博士不曾道病,到来便如琢如磨。施工才经半月,楼成上接天河。"①

文中的"施工才经半月,楼成上接天河",说明用了半月的时间而修建完成窟檐。同时,文中的李都料是木匠,负责设计和施工指挥。康博士也是木匠,为木工活中的主要施工者。张博士可能是泥匠。这也反映出在一般窟檐建造中的主要的技术力量:由都料负责总体设计、规划和担任现场施工的总指挥等工作;康博士和张博士分别承担土工和木工工作。

现藏于日本九州大学文学部的敦煌文书东哲20号《新大德造窟檐计料》,据马德先生考证,该文书为公元970年前后敦煌某杜氏高僧重建莫高窟第5窟窟檐的用料记录。孙毅华先生根据该文献分别复原了窟檐的概貌。第5窟窟檐南北面宽约8米,东西进深2米多,通高5米多,在莫高窟属于大型窟檐。由该文书可知当时工匠在营建窟檐时的具体用料。新大德造窟檐计料的全文如下:②

1. 新大德造窟檐计料材木多少起□□
2. 大楸要肆,各长壹太贰尺五寸,径壹尺贰寸;
3. 柱肆个,旧有;栏额叁,旧者堪用;
4. (桙)楸方子叁条,各长壹丈贰尺伍寸、径头要捌寸;

---

① 马德. 敦煌莫高窟史研究. 兰州:甘肃教育出版社,1996:121-125.
② 马德. 敦煌莫高窟史研究. 兰州:甘肃教育出版社,1996:140-142;张文冠. 九州大学文学部藏敦煌文书《新大德造窟檐计料》字词考释二则//敦煌研究院. 敦煌研究. 兰州:甘肃人民出版社,2014(02):102-104.

5. (柎)子计要六截,各长壹丈贰尺伍寸、径要捌寸;
6. 丞橡方子三片,各长壹丈贰尺伍寸,径要捌寸;
7. 丞柱通地枋长贰[丈]捌尺;
8. 驼峰肆,要榆木壹丈、径捌寸;
9. 马头肆个,各长壹丈叁尺;
10. 要小科子贰拾个,计用榆木贰丈、径捌寸;
11. 大科肆,要榆木伍尺,径壹尺贰寸;
12. 帖捌个,各长伍尺,径伍寸,要榆木;
13. 花帖要肆,各长叁尺伍寸;
14. 门额方子要好乾木,长玖尺,阔捌寸;
15. 门神方子亦长玖尺,径陆寸;
16. 门枕方子贰,各长捌尺,径捌寸;
17. 门眉叁,并鸡栖壹,桑木等不用,差;
18. 南间沙窗额方子长玖尺,径陆寸;
19. 腰方亦玖尺,径陆寸;
20. 南窗门枕贰,各长伍尺,径伍寸;
21. 门神玖尺,径陆寸;
22. 北边沙窗额,亦长玖尺,径陆寸;
23. 腰方亦玖尺,径陆寸;
24. 门枕要贰,各长伍尺,径伍寸;
25. 沙窗门切长玖尺,径陆寸;
26. (原卷此行涂去)
27. 要檩子叁拾笙。

该文书是古代匠师们留给我们的中国传统的木构建筑史资

料，录文中出现的大量梁、柱、斗栱等木构部件的基本使用情况。这是今天敦煌石窟建筑史乃至中国建筑史的珍贵文献。

关于修建窟檐所用的时间，从莫高窟156、427、444等窟现存窟檐题梁中可以看到十分详细的营建时间，有些窟檐也就是在一天内建成的，加上营建前后的备料和妆绘，也就在一个月之内。① 所以，窟檐是在一座洞窟的营建过程中所用的时间最少的。

综上所述，敦煌各个时期的行政制度都对佛教的发展起到了极大的推动作用，特别是作为敦煌行政首脑的统治者，他们几乎是无一例外的都参与了石窟的营建工作，有的甚至还直接参与了壁画的设计。他们所主持营建的洞窟成为幕僚和民众们争相仿效的对象。所以，这种由自上而下而开始的营建方式，也逐渐转变为以自上而下为主导，以僚属和普通民众等积极参与的自下而上为补充的营建模式。这也进一步扩大了信众的队伍，使敦煌艺术的创作内容更加丰富。

1.2　营建资源的来源

1.2.1　营建材料

关于上述敦煌文书CH00207号《乾德四年重修北大像记》中所记述的关于维修96窟的用料，史苇湘先生认为："修建用料、梁栋从谷中伐取（今水沟、小拉排、大泉一带，唐宋时名叫

---

① 马德. 敦煌莫高窟史研究. 兰州：甘肃教育出版社，1996：38.

宕泉或宕谷），椽杆从沙州城砍来。"① 伐取的木材主要来自宕泉、沙州，可见维修过程中的木材主要来自敦煌当地。在这一时期，敦煌的木构修建工程又极频繁，工匠们很可能就近取材，集体运送，保障了这一时期大量的木构工程的顺利完成。

早在隋代第302窟人字坡顶的《福田经变》中就有一幅"伐木建塔图"，该图表现了工匠们在山林里伐木和运木的过程。图中有八位赤裸上身的工匠，两名在伐木，两名在扛运木材，两名在塔的上部进行安装，一名在塔的下部作装饰修补，另有一名手持矩尺在塔下指挥施工。图画虽然表现的是佛经故事，但这生动地反映出当时工人的工作场景。

根据马德先生的研究，建造一座窟檐需要的木匠包括：一位都料、一位博士和若干名匠工。都料负责窟檐的总体设计、用料计算、施工的组织和指挥等，其他木匠负责承担木构零部件加工及营造施工等。② 那么图中的伐木和运木的工匠应是普通的工匠，他们负责材料的运送，在塔上进行安装和修补工作的工匠可能就是具有技术的木博士，而手持矩尺指挥施工的很可能就是现场施工的总指挥和总体规划的都料，这反映出在一般木工工程中的技术力量的组成。

在莫高窟遗址中出土了一件唐代时期的细砂岩彩绘佛像，目前还不清楚此像供奉在何处，但可以确定该佛像的石材用料来自

---

① 史苇湘. 敦煌历史与莫高窟艺术研究. 兰州：甘肃教育出版社，2002：124-136.

② 马德. 敦煌工匠史料. 兰州：甘肃人民出版社，1997：16-21.

离莫高窟不远处的五个墩下的采石场中。① 在本书第四章第二节《造像中模制工具的应用》一节中，已详细说明了制作塑像所用的木质骨架是用敦煌当地的红柳枝，制作塑像的塑泥来自宕泉河的澄板土，所以制作塑像的大部分材料还是来自敦煌当地。

在敦煌文书S.3553《咨启和尚》中有一个牧羊人给莫高窟某寺和尚的信启，托他请画家画窟的事情，具体如下：

"今月十三日于牧驼人手上付将丹二升半，马牙朱两阿果，金青一阿果，咨启和尚：其窟乃烦好画者。所要色泽多少？在此觅者，其色泽阿果，在豹和袋内，在此取窟上来。缘是东头消息，兼爷畜生，不到窟上，咨启和尚，莫捉其祸。"②

录文中的牧羊人将于本月十三日交给返回莫高窟的放驼人黄丹二升半、马牙朱两包、金青色一包，请和尚为他的窟找一个高手画工。那些颜色包放在干粮口袋里，送到窟上来。这封普通的书信说明畜牧工人在南山里放牧时就可以寻觅绘制壁画所需要的颜料，这反映出了敦煌部分颜料是就地取材的。

敦煌自营建之始，就不断地与各国商旅频繁往来，在壁画题记中留下了大量胡商的题记，他们不仅是出资者，还可能直接从西方带来了绘制壁画用的颜料以及画稿画样等。敦煌文书（俄藏）《于阗天寿二年（946）九月弱婢佑定等牒》反映的是留在

---

① 敦煌研究院. 敦煌石窟全集22石窟建筑卷. 香港：商务印书馆（香港）有限公司出版，2000：224.

② 敦煌文物研究所. 敦煌研究文集. 兰州：甘肃人民出版社出版，1982：100.

敦煌的于阗人、太子的侍婢佑定为了在莫高窟建窟，写信给于阗的天公主与宰相索求建窟所用物品。① 其中很可能就包括画窟用的颜料。

在敦煌石窟的营建过程中，由于敦煌鸣沙山属于第四纪玉门系砾岩层，质地疏松，工匠们因地制宜地就地取材，以敦煌当地的木材、细砂、澄板土为基本建设材料，创作出区别于云冈石窟、龙门石窟等的石刻雕像，使得敦煌艺术具有了地方特色；而敦煌的艺术风格又是十分复杂的，即便是在绘画材料的使用上也是十分多样的。这是工匠们在保持着自己的文化特色时，还不断注入新成分，从而使敦煌艺术有着鲜明的时代特色和民族特色。

1.2.2 营建资金

在莫高窟营造史上，官宦、高僧、大族、庶民百姓等各个阶层的各类人物是营建资金的重要来源。王公贵族、达官贵人对石窟营建的热衷，给敦煌当地各阶层的民众作了榜样，在敦煌掀起了造窟热潮。在这个过程中可见当时敦煌地区的社会背景以及工匠劳动、僧众役使、政教联合等一系列问题。

1）官宦、贵族

10世纪前期的敦煌文献S. 3929《董保德功德颂》中曰"爰自乐僔遥礼，法良起崇，君臣缔构而兴隆，道俗镌妆而信仰。"同时，《圣历碑》在追述了乐僔、法良造窟事迹之后云："建平、东阳弘其迹。"如果说，S. 3929《董保德功德颂》所概括的莫高窟由"君臣缔构而兴隆"中的"君"是指沮渠蒙逊的

---

① 沙武田. 敦煌画稿研究. 北京：民族出版社，2006：208.

话，那么这里的"臣"当非元荣、于义莫属。①

从沮渠蒙逊到东阳王元荣、建平公于义，他们作为敦煌地区的最高统治者，不仅倡导和组织了当时的营建工作，甚至还直接参与了洞窟的壁画设计。他们对敦煌地区的佛事活动起到了一定的推动作用。

在西魏第285窟有西魏大统四年（公元538年）的清信士阴安归及其一家的墨书题记②，阴氏是敦煌当地的世家大族，他们应该是洞窟的出资者才能将自己的供养像绘入窟内，阴氏家族也可以藉此来抬高他们的声望。

日本学者冈崎敬先生指出："魏晋以来，敦煌就是一个拥有张、王、安、索、曹、李、康、氾、宋、阴等姓氏的豪门社会。③ 这些豪门信奉佛教和供养佛像，这无论是从各种文献和西凉建初元年（公元405年）的敦煌文书记载，或是从近年来发现的西凉时期经塔上，都可以得到证实"。④

北周428窟中心柱北向龛坛沿的供养人画像，与南朝达官贵人、文人雅士的写真肖像画有许多相同之处。他们很可能是河西地区的达官贵人，作为出资者而被绘入窟内。

瓜州刺史段永与莫高窟北周洞窟的开凿也有着直接的关系，并对当时的开窟造像活动有较大的推动作用。在北魏第442窟内有一则供养人题名"主簿鸣沙县丞张缌供养佛时"。张缌大概就

---

① 马德. 敦煌莫高窟史研究. 兰州：甘肃教育出版社，1996：69-70.
② 段文杰. 敦煌石窟艺术研究. 兰州：甘肃人民出版社，1986：269.
③ [日]冈崎敬. 四、五世纪的丝绸之路与敦煌莫高窟//敦煌文物研究所. 中国石窟·敦煌莫高窟（第一卷）. 北京：文物出版社，1987：198-206.
④ 王毅. 北凉石塔//文物资料丛刊编辑部. 文物资料丛刊. 北京：文物出版社，1977：1.

是当时的敦煌郡主簿兼鸣沙县丞,他利用自己的权力,对先代窟稍加重修,使之变成自己的功德窟。① 可见这些王公贵族、达官贵人对石窟营建的热衷,他们给敦煌当地各阶层的民众作了榜样,上行下效,在敦煌掀起了一个个造窟热潮。

隋唐以后,敦煌的豪门世族造窟成风,而且是代代造窟,历久不衰,往往祖孙父子代代营建。

阴氏所建洞窟除西魏第 285 窟外,据史苇湘先生研究,初唐第 217 窟为阴稠及其子孙所造;中唐第 231 窟为阴嘉政所造;五代第 138 窟为阴海晏所造;北大像 96 窟为阴祖与僧人灵隐(其俗姓当是阴)所造。敦煌李氏家族在莫高窟曾建第 331、332、148、9 等窟以及尚未确证窟号的李氏"当家三窟"。②

敦煌翟氏家族的翟思远一家开凿初唐第 220 窟,窟内西龛下墨书题写"翟家窟"三个字,标明了此窟的性质。此后,该窟由翟氏子孙后代精心管理和不断维修。翟家第九代孙翟奉达于后唐同光三年(公元 925 年)又重修甬道北壁,画了"新样文殊"一铺,并书写了翟氏《检家谱》,追述该窟的营造和演变的历史过程,部分录文如下:

> "1. 大成元年己亥岁□□迁于三□镌龛□□□圣容立□
>
> ……
>
> 3. 郎行敦煌州学博士复于两大像中□造龛窟一所

---

① 李崇峰. 佛教考古:从印度到中国. 上海:上海古籍出版社,2014:434;马德. 敦煌莫高窟史研究. 兰州:甘肃教育出版社,1996:70-72.
② 史苇湘. 敦煌历史与莫高窟艺术研究. 兰州:甘肃教育出版社,2002:124-136.

庄严素□

4. 质图写真容至龙朔二年壬戌岁卒即此窟是也
5. 九代曾孙节□□□□随军参谋兼侍御史翟奉达
6. 检家谱□□。"①

可见，敦煌的世家豪族已经把佛教石窟作为"家庙"，一家一窟或一族数窟。为了造窟，父子相继，在造窟铭记中用大量篇幅陈述家谱，这已经超过了宗教信仰的范围，除表达对宗教的恭谨和虔诚，而且还用以显示氏族门庭以及家族的谱系。

供养人画像的位置由洞窟四壁的下部开始移至甬道两侧，形象越画越大，都面向主室内正壁所塑主尊，这种现象一直持续到五代宋时期。最典型的是五代第61窟东壁南侧的女供养人画像，已是等身的巨像，供养人画像因地位的高低而依次由高到低进行排列，供养人之间除了身高的差别外，几乎是千篇一律。供养人画像主次有序，具有一种在中原地区也少见的浓厚的封建宗法社会的色彩。

供养人画像中有王公大臣、地方官吏、贵族妇女、僧侣居士以及侍从奴婢等各类人物，描绘技术精湛。供养人画像中最精彩的属五代98窟内东壁的于阗国王供养人画像，这是曹议金女下嫁于阗国王李圣天，供养人画像中的于阗国王服中原帝王的"法服"，头戴旒冕，上饰北斗七星，头后垂红绢，身穿衮龙袍，腰束蔽膝，双脚由天女承托。供养人画像高均2米以上。这反映出

---

① 敦煌研究院. 敦煌莫高窟供养人题记. 北京：文物出版社，1986（12）：166；史苇湘. 敦煌历史与莫高窟艺术研究. 兰州：甘肃教育出版社，2002：124-136；马德. 敦煌莫高窟史研究. 兰州：甘肃教育出版社，1996：78-79.

曹氏政权将佛教石窟作为巩固自己政权的重要措施，作为处理对内关系的重要手段。

2）上层僧侣

在石窟营建中还有一支重要的力量就是大德高僧。莫高窟最早就是由乐僔、法良等名僧主持开凿营建。僧尼造窟是莫高窟营造史上比较普遍的现象。在莫高窟出现僧侣供养人画像最多的洞窟是428窟，在该窟的1 200多身供养人画像中绝大部分都是僧侣像，应该都是该窟的施主。该窟东壁门南供养人行列，上排北起第三身题作"晋昌郡沙门比丘庆仙供养"，据敦煌遗书S.2935《大比丘尼羯摩经一卷》尾题："天和四年（公元569年）岁次乙丑六月八日写竟，永晕（晖）寺尼智璸受持供养，比丘庆仙抄讫。"尾题中的庆仙，很可能是在第428窟题名的比丘庆仙。[①] 庆仙很可能就是当时僧侣集团中的名僧。

在该窟东壁南侧的第四身供养人题名"凉州沙门比丘道（王余）供养"，还有一身题名为"凉州沙门比丘道珍"[②]。由于当时河西凉、瓜二州均为于义兄弟所控制，于家当时是河西地区的权贵，于义造窟更是全河西的大事，所以来自凉州地区的僧尼作为施主出现在供养人画像中是很自然的事，僧侣集团要依靠统治者的力量以求得其保存和发展，于氏兄弟也要借助僧侣集团的力量来维护自己的统治。

---

① 李崇峰. 佛教考古：从印度到中国. 上海：上海古籍出版社，2014：414；贺世哲. 敦煌莫高窟供养人题记校勘//中国社会科学院. 中国史研究. 北京：中国社会科学出版社，1980（3）：29.

② 贺世哲. 敦煌石窟论稿. 兰州：甘肃民族出版社，2003：503-506；马德. 敦煌莫高窟史研究. 兰州：甘肃教育出版社，1996：160-165.

隋代281窟为大都督王文通与其父所造，供养人画像中除王氏父子及其家族外，还有一些僚属及僧尼的供养人画像，① 这些僧尼也应该是该窟的施主，并与统治集团有着密切的关联。

在莫高窟现存的许多大窟中，僧尼窟的规模和数量并不次于官宦窟，甚至超过官宦窟。这里主要指那些大德高僧，而一般的中下层僧侣们并没有这个能力。如归义军时期的第一任河西都僧统洪䛒，他是吐蕃末期直到大中七年敦煌的最高僧官②，洪䛒先后在莫高窟开凿了第365窟（七佛堂），第16窟（吴和尚窟）和藏经洞（即第17窟）。③ 马世长先生认为藏经洞可以被称为"洪䛒影窟"，窟内的壁画、碑文、邈影塑像都是为了颂扬和纪念这位有影响力的洪䛒和尚。

洪䛒之后的河西都僧统翟法荣，在咸通八年（公元867年）营建了莫高窟著名的第85窟，该窟甬道北壁的供养人画像中就有翟法荣。敦煌文书P.3302v《河西都僧统宕泉建龛上梁文》，记录了在公元933年二月，新任河西都僧统的王和尚，修建了自己先前所开莫高窟143窟的窟檐的情况。④

敦煌的这些大德高僧都是出生于世家豪族，他们掌握着寺院的财富与权力。这就是古代世家豪族与佛教的关系：官府和僧侣互相依赖，政权与宗教互相联合。

---

① 马德. 敦煌莫高窟史研究. 兰州：甘肃教育出版社，1996：160-165.
② 荣新江. 归义军史研究——唐宋时代敦煌历史考索. 上海：上海古籍出版社，1996：279-292.
③ 马世长. 中国佛教石窟考古文集. 北京：商务印书馆，2014：211-212.
④ 马德. 敦煌莫高窟史研究. 兰州：甘肃教育出版社，1996：165-167，121-125.

3）商贾

在敦煌壁画中还出现了大量胡商的题记。上文中已提到西魏第285窟有西魏大统四年（公元538年）的清信士阴安归及其一家的墨书题记，以及大统五年（公元539年）佛弟子、清信士滑黑奴及滑□安名字的墨书题记。阴氏为鲜卑族大姓，滑姓可能出自滑国（嚈哒），① 所以题记中的滑黑奴和滑□安可能是胡人。张元林先生认为该窟是由入华在敦煌的粟特人所主持营建的。②

向达先生指出："莫高窟p129/c89号窟原为魏代所开，唐人重修，窟内供养人画像上题名一面书回纥字，一面书汉文'商胡竺……'诸名，是莫高窟诸窟中亦有西域人施割财物之所修者矣。"③

在北周第294窟北壁题有"清信商胡无（？）主（？）翟一卑迦"；"清信商胡都爁（？）心（？）世（？）居罗供养"；"清信子（？）胡商竹鲁（？）□□养□佛□"；"清信子（？）商胡女（？）夫翟舒（？）……"等题名。④

由此可见在敦煌早期就有大量的西域商人或鲜卑大族参与石窟的营建工作。他们不仅为洞窟提供营建资金，而且还很有可能直接带来新的画稿画样及绘制壁画用的胡粉香料；他们还很有可能参与了洞窟的设计工作。

---

① ［日］冈崎敬. 四、五世纪的丝绸之路与敦煌莫高窟//敦煌文物研究所. 中国石窟·敦煌莫高窟（第一卷）. 北京：文物出版社，1987：198-206.

② 张元林. 粟特人与莫高窟第285窟的营建——粟特人及其艺术对敦煌艺术的贡献//云冈石窟研究院. 2005年云冈国际学术研讨会论文集·研究卷. 北京：文物出版社，2005：394-406.

③ 向达. 唐代长安与西域文明. 石家庄：河北教育出版社，2007.

④ 敦煌研究院. 敦煌莫高窟供养人题记. 北京：文物出版社，1986：123.

到了唐代贞观十四年（公元640年），唐王朝统一西域，保证了丝绸之路的全线畅通。更多的商贾来到敦煌，甚至建立了自己的聚落，如在敦煌从化乡的粟特人聚落，聚落中的名工巧匠们应该直接参与了石窟的营建和壁画绘制工作。

吐蕃第158窟为粟特人安景旻主持营建，安景旻作为当地粟特后裔的领袖，很可能直接聘请粟特名工来领导壁画的绘制工作，所以在该窟壁画中出现了"割耳劓面"的粟特人特有的丧葬习俗。

姜伯勤先生认为，榆林第24窟壁画题记中的金银匠都料郁迟宝令，实际就是当时沙州金银行作坊中的作坊主，① 郁迟为于阗大姓，郁迟宝令又有"都料""检校太子宾客"等头衔，可见他在石窟营建中担任着重要的职务。

敦煌自唐、五代至宋，外国商贾除了主要作为出资者外，还开始独立地主持营建工作，甚至还有大量异族工匠参与营建工作。他们的参与丰富了敦煌的石窟艺术。

4）庶民百姓

如果按照窟龛数量计算，不论其规模大小，造窟最多的应该是敦煌的庶民。据马德先生研究，从事莫高窟营造的庶民主要有三种形式：1. 以社团和僧团为单位进行的团体营造；2. 以家族为单位进行营造；3. 以个别供养人身份参与营造。② 下面主要讨论以庶民、团体形式营建的洞窟特点。

在莫高窟的营造过程中，庶民们由于经济力量的限制只能靠

---

① 姜伯勤. 唐五代敦煌寺户制度（增订版）. 北京：中国人民大学出版社，2010：236-240.

② 马德. 敦煌莫高窟史研究. 兰州：甘肃教育出版社，1996：255-260.

团体力量来进行。早在北魏第275窟北壁就出现了庶民供养人图像，供养人身穿北魏时代的平民服饰，他们应是以团体的形式集资来支持石窟营建工作的。

北周第303窟是由僧俗联合营造的，隋代第404窟是由俗家信士们联合营造的，初唐199窟是由敦煌地区的中下层军政官吏联合营造的。可见敦煌中下层的僧俗民众们自愿结合起来共同施作，共同支持着石窟营建。

吐蕃时期，民间百姓的抄经、念佛、开窟、造像更是始终不绝。到了张氏归义军时代，由于统治者们的大力提倡和身体力行，敦煌庶民们的造窟热情也十分高涨。在咸通十二年（公元871年）所开凿的第107窟的东壁北侧下部，我们还能看到供养人画像上的题记为奴婢女母及女喜和等的供养人画像。

归义军时期还出现了专门为造窟和修窟而结成的社。如敦煌文书P.2991《敦煌社人平诩子十一人创于宕泉建窟一所功德记》中有"……社众者，修建之岁，正遇艰难，造窟之年，兵戎未息。于是资家为国，创建此龛"。[1] 敦煌社人画师平诩子等十一人在莫高窟凿岩造窟。

公元970年，敦煌僧俗福惠、马文斌等18人所立重修佛窟契约（敦煌文书S.3540），以及此后按约重修449窟事，是敦煌僧俗社团佛窟营造活动中的典型事例。敦煌文书S.3540号《福惠等修窟约》所述这类专为重修佛窟而组建的临时社团，待完工后便立即解散。[2] 民众们结成的这些社团是自发形成的专

---

[1] 史苇湘. 丝绸之路上的敦煌与莫高窟//敦煌文物研究所. 敦煌研究文集. 兰州：甘肃人民出版社，1982：87.

[2] 马德. 敦煌莫高窟史研究. 兰州：甘肃教育出版社，1996：260.

业化的资金筹备集团,这是在民众自发结合过程中逐渐形成的具有一定规范和具有约束力的组织形式。可见,这一时期的佛窟营建活动已经相当成熟,它已是敦煌地区社会生产活动的一项重要内容。

关于营建石窟的费用,在《敦煌录》中有:"……并是凿鑿高大沙窟,塑画佛像,每窟计费税百万。"[①] 由记载可知,单个石窟的开凿和妆绘共计要花费近百万,这对于普通民众来说是难以承担的,所以他们只能通过集资筹建的方式来支持营建工作。但对于社会上层的王公贵族、大德高僧来说,他们完全有能力负担如此巨额的资金,所以他们是石窟营建的重要赞助人,他们的喜好也会影响到石窟的艺术创作。所以,尽管有大量的普通民众参与了石窟的营建工作,但关于石窟的艺术风格、开凿规模等关键性的营建事项,自始至终都掌握在社会上层手中。

---

① 敦煌研究院. 敦煌石窟全集22 石窟建筑卷. 香港:商务印书馆(香港)有限公司出版,2000:159.

2 考工西北——敦煌的工匠制度

在敦煌9、10世纪的文献中,保存有关工匠的大量记载,其中关于画工的记载更为丰富。同时,在敦煌10世纪的壁画中,还出现了大量的画工题记。由于敦煌是西方文化东来的最初浸染地和中国文化西传的重要基地,因此无论是在敦煌文献中还是在石窟艺术中,都反映出中古时期敦煌工匠复杂的人种及文化属性。这些都为我们探讨敦煌的工匠制度提供了宝贵的资料。

本章将以敦煌的画工为主要研究对象,根据文献和题记整理出画工的等级差别,进而推演出其他行业中工匠的等级制度。同时,笔者还通过观察不同民族的画工在敦煌的艺术创作中所带来的文化上和创作方法上的差别,来了解各族画工在佛窟营建过程中的相互关系以及他们对敦煌艺术的文化贡献。

2.1 工匠的等级结构

2.1.1 画工的等级结构

在敦煌壁画中最早出现工匠劳作画面的是北周第296窟窟顶

壁画《福田经变》中的建塔图和建屋图，在建塔图中，须弥座正面立一人，他左手持矩上举，似在指挥工作和检查施工质量。萧默先生认为画面中的持矩者负责检查、指挥等工作，其技术级别较高。① 在建屋图中，屋左右各立一人，他们均一手持盛颜料的碗，另一手执笔刷涂木柱，此二人都着袍服及靴，他们很可能是高级画工。

在两幅图中，我们看到大部分工匠上身赤裸，下身着犊鼻裈，他们应该就是承担着巨大劳动量的普通工匠。可见，最晚至北周时期，在敦煌的工匠之间就已存在鲜明的等级差别。

在隋代302窟人字坡顶的《福田经变》中的"伐木建塔图"里，有一名工匠手持矩尺在塔下指挥施工，7个工人分别伐木建塔。这也充分说明，工匠们在明确的等级结构之上分工合作。

就目前所出土的敦煌文献资料来看，时间主要集中在9、10世纪，文献中有对工匠等级结构的零星记载。马德先生指出："敦煌9、10世纪时的各个行业的工匠们，按其技术可分为都料、博士、师、匠、生等级别。"美国学者胡素馨女士认为，画行的领导为都料使，都料使以下为画师，画师以下是博士，最基层的职位是匠，即匠人或学徒。②

本人根据诸位先生的研究成果，在对现存曹氏归义军时期洞窟中的画工题记和敦煌文献中零散的画工信息进行整理和归类后（详见《敦煌的画院制度》表2-1-B）发现，在画工中确实存在着一个基于技巧和经验的复杂的分级系统，其具体情况如下：

---

① 萧默. 敦煌建筑研究. 北京：机械工业出版社，2002：247-253.
② 马德. 敦煌工匠史料. 兰州：甘肃人民出版社，1997：9-13；[美]胡素馨. 佛教艺术的经济制度：杂物黎、储藏室和画行.（敦煌研究院资料中心提供资料）.

第一级：都料。主要从事工程规划，主管开料、施工的组织和指挥等，并负责内事务。通常情况下，上层都料都身居敦煌社会的上层地位，在归义军时期有的还兼有归义军节度使衙的衔称。

第二级：博士，也称师或先生。他们不仅具备过硬的专业技能，还要能够独立承担本行业所有技术施工任务，同时还能教授徒弟。

郝春文先生根据敦煌文献 P.3490《辛巳年某寺诸色斛斗破历》、P.2049 背《后唐同光三年正月沙州净土寺直岁保护手下诸色入破历算会牒》中关于博士的记载，整理出博士在一年内为寺院做的具体工作有：窟上作画、修寺院两次、碨面、修补行像等。[①] 可见博士一级的工匠在一年内不仅要绘制壁画，还要从事其他的农业劳动。他们作为石窟营建中的技术力量，所承担的工作还是相当繁重的。

第三级：匠。能够独立从事一般技术性的劳动。文献中记载最多的就是匠，说明取得匠级的工匠数量很多，他们应该承担着大部分基础性的工作。

第四级：生，也称为"工""人"。他们既能在匠师的带领下从事绘画工作，亦能独立从事绘画劳动[②]。他们处于最底层，承担着大量的体力劳动。

关于"匠"和"生"的关系，在吴曼公先生所发表的敦研

[①] 郝春文. 郝春文敦煌学论集. 上海：上海古籍出版社，2010：81.
[②] 马德. 敦煌莫高窟史研究. 兰州：甘肃教育出版社，1996：169-177.

0322《敦煌石窟腊八燃灯分配窟龛名数》中有相关记载，具体如下：①

1. 庚戌年十二月八日夜□□□社人遍窟燃灯

(2—14 略)

15. 触秽。如有阙燃及秽不净者，匠人罚布一疋，

16. 充为公廨。匠人之人，痛决尻杖十五，的无容免。

17. 辛亥年十二月七日释门僧政道真。

文献中的"匠人之人"，可能是受匠人指挥做更具体的事务性工作的人，即工匠中的"生"。文献中指出如果工作中出现"阙燃"（即添油不及时）或出现"秽不净"，匠人要受经济惩罚，生则要受到杖责。可见，匠和生都受到严格管束。

综上所述，我们大致可得出一幅画工的等级结构图（见图2-1-1），画工的等级阶梯依次为：都料、博士、匠、生。画工的这种等级阶梯发展到曹氏归义军时期则更加体系化和专业化。工匠的管理层出现了官府画院的"都勾当画院使"、官府作坊的"作坊使"、民间画行的"行首"，他们负责劳动力的分配、材料资源的控制以及对各行都料的直接管理。所以在五代、北宋时期开凿的石窟可以统一规划和集体制作。

画工除了如图2-1-1中的等级划分外，还要基于材料、技术等在每个等级内再进行细分。陆离先生指出："从事绘画行业的

---

① 吴曼公. 敦煌石窟腊八燃灯分配窟龛名数//文物出版社. 文物. 北京：文物出版社, 1959: 5//孟宪实. 敦煌民间结社研究. 北京：北京大学出版社, 2009: 124.

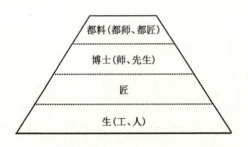

图 2-1-1　（笔者绘）

博士有画神脚博士、画博士、修南殿画神脚博士等。"① 郝春文先生据敦煌文献 P. 2049 背《后唐同光三年正月沙州净土寺直岁保护手下诸色入破历算会牒》的记载，指出博士级工匠为寺院做的具体工作有："造菩萨头冠（金银匠及钉叶博士）、造佛焰胎（塑匠）、修土门（工匠）、造小佛焰子（塑匠）等。"② 可见，塑匠又可再细分为"造佛焰胎""造小佛焰子"等。

显然，这一时期工匠的分工已按照制作技巧和材料来进行仔细划分，其分工已经相当专业化和体系化。同时由上引文献可知，菩萨头冠的制作由金银匠和钉叶博士共同完成。这种将工作划分为更多相对独立的步骤的做法，使每一名工人的工作都更加专业化，也因而更加规范化。工匠中这种严格的分工和等级关系形成了一种新的社会结构和管理模式。这种新的模式为石窟的营

---

① 陆离. 敦煌文书中的博士与教授. http：//www. cnki.net/KCMS/detail/detail. aspx? QueryID = 1&CurRec = 1&recid = &filename = DHXJ199901008&dbname = CJFD9899&dbcode = CJFQ&pr = &urlid = &yx = &v = MzI3MDJYVFpMS3hGOWpNcm85RmJJUjhlWDFMdXhZUzdEaDFUM3FUcldNMUZyQ1VSTCtmWk9WdUZDcmxWYnJOSVM =

② 郝春文. 郝春文敦煌学论集. 上海：上海古籍出版社，2010：81.

建工作提供了高度组织化的环境。

2.1.2 其他工匠的等级结构

万庚育先生根据敦煌壁画题记指出,敦煌石窟的创作者除画师外还包括塑匠和开窟工匠等,如宋代重绘第370窟甬道西壁第一身供养人题名云:"社官知打窟都计料□银青……",同窟甬道北壁第一身题名云:"押衙知打窟……使□青□禄大夫检校……",万庚育先生认为"社官知打窟都计料""押衙知打窟"可能是管理开窟之官。①

马德先生根据敦煌文献指出,参与石窟营建活动的工匠还主要包括:打窟人、泥匠、灰匠、木匠、塑匠、金银匠、铁匠、纸匠、石匠等。② 笔者根据马德先生的研究成果以及壁画题记,整理出了与石窟营建密切相关的其他工匠的基本信息,详见表2-1-A。

表2-1-A 石窟营建中的工匠信息

职业类别	技术级别	工匠姓名	文献出处
泥匠	博士	氾英振	北碱59
泥匠	匠	令狐友德	S. 5039
泥匠		张保盈	P. 2953v
塑匠	都料	赵僧子	S. 4899、P. 3964

---

① 万庚育. 珍贵的历史资料——莫高窟供养人画像题记;敦煌研究院//敦煌莫高窟供养人题记. 北京:文物出版社,1986:188-191.
② 马德. 敦煌工匠史料. 兰州:甘肃人民出版社,1997:8.

续 表

职业类别	技术级别	工匠姓名	文献出处
塑匠	博士	令狐博士	P. 3490
塑师	押衙	陈押衙	P. 4909
塑匠		张建宗	
塑匠		马报达	北往40?
木匠	博士	汜丑奴	S. 4525
木匠	博士	任博士	S. 3905v
木匠	匠	令狐海员	莫高窟第370窟壁画题记
木匠	匠	任珪	S. 6233
木匠	匠	王丑奴	MG. 22799
木匠		王仙	S. 0542《诸寺丁壮车牛役部》
木匠		史英俊	S. 0542《诸寺丁壮车牛役部》
金银匠	都料	郁迟宝令	榆林第24窟壁画题记
金银匠	都料	汜都料	S. 6452
金银匠	匠	王神神	P. 4640
金银匠	匠	阴苟子	P. 2641
金银匠	匠	张恶眼	S. 6452
金银匠	匠	曹灰子	北剑98
金银匠	匠	翟信子	北剑98
金银匠	匠	吴神奴	北剑98
纸匠		葵曹八	S. 0542《诸寺丁壮车牛役部》
	都料	令狐都料	P. 2049vl

表 2-1-A 中出现的泥匠、塑匠、木匠、金银匠，都是与石窟营建密切相关的工匠，他们的等级结构也基本为都料、博士、匠、生的阶梯结构，但各行又因工程量大小和技术要求的不同在等级结构上略有差别。根据马德先生的研究，泥匠中最高的技术级别是博士，当泥匠要与木匠一同完成窟前窟檐的修建时，泥匠要在木匠都料的统一规划和指挥下施工。①

在敦煌文献中，名目繁多的"博士"遍及各行各业，博士成为具有专业技术人的代名词。姜伯勤先生整理出了博士的主要种类有："第一类土木修造；第二类金工铸造，包括金银匠；第三类毡緤整染；第四类画塑工艺；第五类其他。"② 我们看到除了绘画和雕塑博士外，还出现了毡緤整染行业和其他行业的博士。这说明与人们生产和日常生活密切相关的手工业行业也有了比较成熟和庞大的工匠队伍和行会组织。

据姜伯勤先生研究，归义军时期的手工业的等级阶梯依次为"行首——知某行都料、某师——博士、某匠——子弟、徒工"，③ 这与图 2-1-1 中的都料、博士、匠、生的等级结构基本一致。这种规范化的等级结构，一方面有利于本行业的技术发展，另一方面亦利于不同行业之间的联系与合作。可见当时沙州进入了高度繁荣的手工艺时代。

---

① 马德. 敦煌工匠史料. 兰州：甘肃人民出版社，1997：17.
② 姜伯勤. 唐五代敦煌寺户制度（增订版）. 北京：中国人民大学出版社，2010：230-236.
③ 姜伯勤. 唐五代敦煌寺户制度（增订版）. 北京：中国人民大学出版社，2010：240.

2.2 敦煌工匠队伍的构成

敦煌石窟中竞相呈现的各种艺术形式，说明在营建过程中各族工匠都在此作出了积极的贡献。本节通过考察工匠的民族地域特征，使我们能在一个更为广阔的历史和社会视野下，看到古代中国如何与"他者"进行对话。在这个对话与交流的过程中，敦煌的工匠是如何在中原文化传统基础上创造出敦煌独特的艺术样式，如何随时嫁接外来文化以及如何在不断地吸收、改进过程中完成不同的文化取向、审美取向和价值取向的融合、贯通。

2.2.1 中原工匠的流入

1）不同历史时期来自中原佛教发达地区的工匠

（1）魏晋南北朝

在历代敦煌石窟的营建中，汉族工匠无疑是占主体地位的。即便是在石窟营建的早期，敦煌石窟在洞窟形制、造像和造像组合、壁画布局等方面都受到了中原文化体系的影响。宿白先生认为，佛教尽管由西方传来，但在敦煌生根发芽、传播开来的却是经中原初步汉化后的佛教。[1] 佛教如此，佛教石窟亦然。

敦煌自公元2世纪末汉武帝设置敦煌郡以来，敦煌和敦煌以东关系就极为密切。公元6世纪梁代慧皎的《高僧传》记载公元280—289年间（西晋太康间），长安竺法乘"西到敦煌，立寺延

---

[1] 宿白. 中国佛教石窟寺遗迹：3至8世纪中国佛教考古学. 北京：文物出版社，2010：55-59.

学,忘身为道,诲而不倦,使夫豺狼革心,戎狄知礼,大化西行,乘之力也。后终于所在"。① 竺法乘是由长安来到敦煌,建造寺庙,他对敦煌地区的佛教事业作出了贡献。

近年来陆续在酒泉、嘉峪关、敦煌等地所发现的墓室壁画均属于西晋、十六国时期的画像作品。② 这充分证明最迟至公元3世纪的魏晋时期墓葬所反映的文化艺术,已属中原体系。

在本书第一章中所提到的对敦煌最早石窟的记载——《大周李君(义)莫高窟佛龛碑》的碑文中,用前秦"建元"纪年,可以推测乐僔大约是一位从前秦来的和尚,而法良"从东届此"。据此可推测,在莫高窟开窟的两位僧人,都是从东方来的。

敦煌早期的石窟具有浓郁的西域风格,但仍能发现汉式特征的绘画,如北凉第268窟西壁下层的供养人画像,供养人双手拱于腹前,其着装和衣纹线处理与炳灵寺第169窟壁画女供养人极为相似。炳灵寺开凿于西秦建弘元年前后,③ 要早于敦煌莫高窟,这种相似性说明在北凉时期河西地区的石窟样式都同时受凉州的影响。

本节在《造像中模制工具的应用》一节中已指出,敦煌与平城的云冈石窟之间有密切联系,不仅有大量的来自平城的画稿,还有大量的中原画工参与了敦煌北魏时期的洞窟营建工作。这样正好印证了宿白先生所说:"在平城大规模开窟形成新的典

---

① 宿白. 中国佛教石窟寺遗迹:3至8世纪中国佛教考古学. 北京:文物出版社,2010:55-59.
② 史苇湘. 敦煌历史与莫高窟艺术研究. 兰州:甘肃教育出版社,2002:560.
③ 樊锦诗. 敦煌莫高窟北朝洞窟的分期//敦煌文物研究所. 中国石窟·敦煌莫高窟(第一卷). 北京:文物出版社,1987:188.

型后,这种影响的模式为:平城→北方地区(包括河西)。"①

日本学者冈崎敬先生认为,在敦煌莫高窟西魏洞窟的壁画中开始出现了中国独特的绘画风格。据宿白先生、段文杰先生及马德先生的研究,该窟之所以出现许多来自东方的新事物,是由于来自洛阳的东阳王元荣从中原招募来了一批画工、塑匠所致。②这些汉人画工也来到敦煌,开始用中国式的技法来绘制壁画,在构图上还出现了中国横卷画形式,如该窟南北壁的长幅壁画。

北周时期的敦煌,来自中原地区的王宫大臣赴任敦煌时从中原带来了一批名工巧匠,如本书在《敦煌故事画的构图研究》一节中所指出的,北周第428窟可能就有建平公于义从洛阳地区带来的名工巧匠参与了壁画绘制工作。这推动了敦煌佛教艺术的进一步汉化。

敦煌早期的工匠有来自河西地区、平城、洛阳等佛教发达地区的名工巧匠,他们将中原艺术样式带入敦煌,并与西域风格、敦煌地方色彩逐渐融合。在隋朝统一全国后,在新的历史环境中产生了新的统一的民族风格。

在敦煌壁画中最早留下自己名字的工匠是北周第290窟北壁上端图案纹样中题写的"辛杖和",以及中心柱西向龛龛沿题写的"郑洛生",万庚育先生和姜伯勤先生认为这很可能就是当时

---

① 宿白. 中国佛教石窟寺遗迹:3至8世纪中国佛教考古学. 北京:文物出版社,2010:55.
② [日]冈崎敬. 四、五世纪的丝绸之路与敦煌莫高窟//敦煌文物研究所. 中国石窟·敦煌莫高窟》(第一卷). 北京:文物出版社,1987:198-206;敦煌研究院. 敦煌石窟全集3本生因缘故事画卷. 香港:商务印书馆,2000:85.

画工的名字。① 这两个名字是有意在不易为人察觉的地方留下的，并分别用当时绘制用的白色和土红色颜料题写，这可能是画工在绘制完毕后偷偷题写上去的。

(2) 隋唐时期

早期壁画中画工题记内容含糊，到了隋唐时期，更多的画工将自己的名字题于洞窟壁画中。这可能是在绘画创作过程中，画工有了一种主动的身份意识，他们在壁画绘制结束后有了留下自己名字的迫切要求。

隋代第305窟西壁北侧的发愿文："……大业□（元）年八月十六日……者伏羲氏之□天下□画师□（之）书。"② 根据题记内容可判断，这应当是画工的正式题名，只是由于壁画破损严重，而无法识别出画工的姓名。

盛唐第185窟西龛北侧帐门边饰上的题记："天宝八载四月廿五日书人宋承嗣作已之也。"题记中的"书人"应当是画工的自称，题记是题于画上的，说明应该是画工作完画后题写的。③

晚唐第196窟南壁东起第六身菩萨像的右下侧有题记："弟子宋文君敬画菩萨四躯一为己亡慈母二为己息己亡索氏娘子。"该窟的供养人题名均为何姓，所以宋文君很可能就是画工的名字。④ 宋文君虽然为窟作画像，但只能选取不起眼的地方留下姓名，可见，敦煌画工们的地位低下。

---

① 万庚育. 珍贵的历史资料——莫高窟供养人画像题记//敦煌研究院. 敦煌莫高窟供养人题记. 北京：文物出版社，1982：188-191.
② 姜伯勤. 敦煌艺术宗教与礼乐文明：敦煌心史散论. 北京：中国社会科学出版社，1996：33-36.
③ 敦煌研究院. 敦煌莫高窟供养人题记. 北京：文物出版社，1986：204-206.
④ 敦煌研究院. 敦煌莫高窟供养人题记. 北京：文物出版社，1986：208-211.

隋唐时期，中央政权在河西推行了一系列有力的经济措施，使地处西陲的敦煌在经济文化方面都达到了与内地不相上下的水平，并成为全国著名的佛教城市。这一时期的僧侣、商贾和使者的往来更加频繁，中原寺院的壁画样稿不断传到敦煌，中原佛教思想和佛教艺术给敦煌石窟巨大的影响。

中原地区的流行样式都能在敦煌找到。在初唐乾陵的永泰公主墓和懿德太子墓的边饰纹样中，可以看出纹样的布局格式均是敦煌常见的"半对半"和"一整二破"式，永泰公主墓边饰纹样的基本构件，与敦煌初唐时期的团花纹边饰表现出高度的相似性，如在本书第四章第三节《图案设计》一节中所提到的初唐220窟的边饰纹样。

同时，在懿德太子墓中的边饰纹样中的花卉形式，与敦煌藏经洞出土的编号为дх56的花卉纹夹缬绢幡头中的花卉完全一致。

敦煌的沙州刺史兼豆卢军使李庭光、晋昌郡太守兼墨离军使乐庭瓌，他们都曾在莫高窟建窟造像，而随军服务人才中的画匠也必定是从中原来的名工巧匠。如盛唐第130窟南壁的乐庭瓌夫人供养画像中，夫人头饰抛家髻，着碧衫红裙、白罗花帔，手持香炉，恭敬向佛，榜题为"都督夫人太原王氏一心供养"，身后随二女及侍婢。这与名画《虢国夫人游春图》中的宫廷侍婢一样，均为宫廷里的时世装。[①] 这幅画像是一壁技艺出众的唐人仕女画，很可能就是乐庭瓌从中原带来的名工所为。

在唐代时期的敦煌，无论是壁画内容还是表现技法都表现出

[①] 聂锋，祁淑虹. 敦煌历史文化艺术. 兰州：甘肃人民出版社，1996：243；段文杰. 唐代前期的莫高窟艺术//敦煌文物研究所. 中国石窟·敦煌莫高窟（第三卷）. 北京：文物出版社，1987：170.

了与中原文化体系的密切联系，前人已有大量的研究成果存在，故本文不再一一列举。

(3) 归义军时期

到了五代、宋时期，画工的题名正式出现在壁画题记中，在榆林窟第 35 窟还出现了画工的供养画像，可见画工的地位有了很大的提高。这一时期还出现了官家、贵族子弟从事壁画绘制的情况。如五代莫高窟第 129 窟南壁题记中的"张宏恩"；敦煌文书 Ch，xvni．002v 中的"张延锷"，他们均出身于官家或贵族，这说明当时绘制壁画应该是一种神圣的艺术活动。

这一时期的曹氏画院中供养着从事壁画绘制的专业人士，他们的分工明确，等级森严。高级画工还封有"节度押衙""都勾当画院使""都勾当知画院使""银青光禄大夫""检校太子宾客"等勋号，可见当时的归义军政权对工匠的重视，详见《敦煌的画院制度》一章。

敦煌文书 P．4648 号《往五台山行记》有画工在太原画《五台山图》的记载，① 说明《五台山图》在当时是非常流行的，五代第 61 窟东壁中有大型的五台山地形图，可见与中原的交流密切。

在极不起眼的地毯边饰纹样中，也往往表现出敦煌与中原的密切关系。如五代第 98 窟甬道供养人身下的礼拜垫毯边饰中出现的"对雁纹"（见图 2-2-1），以茶花和禽鸟间配，色彩丰富华丽。这种纹样形式与 1992 年发掘的五代后周（公元 958 年）时期的陕西彬县冯晖墓墓室穹顶下端的纹样形式极为相似，两只

---

① 沙武田．敦煌画稿研究．北京：民族出版社，2006：582-587．

相对而视的白色大雁口衔绶带。

图 2-2-1　五代 98 窟甬道供养人身下的礼拜垫毯边饰（笔者绘）

元代第 3 窟西龛北帐门观音像下题写"甘州史小玉笔"，在元代重修的第 444 窟有游人题记"至正十七年（公元 1357 年）正月十四日甘州桥楼上史小玉烧香到此"。可见，史小玉应该是来自甘州的名工，那么，晚至元代，还有河西地区的工匠参与敦煌壁画的绘制。

2）敦煌文书 S. 3929《董保德功德颂》

敦煌文书 S. 3929 颂扬了作为画行都料的董保德的业绩和绘画技艺，这种对工匠进行指名道姓的称赞在敦煌艺术史上极为罕见。

很多学者已对敦煌文书 S. 3929 甲、乙本作过详细研究，学者们对此文书的断代和命名又不尽相同。在《敦煌遗书总目索引》中将此文书拟名为《节度押衙董保德建造兰若功德颂》，并指出甲为誊净本，乙为草稿。

段文杰先生认为该文书是一份曹氏画院的画家传，并将此文书定名为《节度押衙董保德修功德记》。①

王惠民先生将此文拟定为《节度押衙董保德重修普净塔功德

---

① 段文杰. 莫高窟晚期的艺术//敦煌文物研究所. 中国石窟·敦煌莫高窟（第五卷）. 北京：文物出版社，1987：161-170.

记》,并确定董保德的主要活动在曹元忠时期。同时,王先生指出,此文书是一种碑记,主要用于纪念性的碑刻、壁书,以为流传。①

马德先生将这份文献拟名为《董保德功德颂》,认为此文书成书于曹元忠时期,具体在公元964至974年间。② 本文选用了马德先生对该文书的定名和整理后的录文,为了方便起见以下简称为《功德颂》。

根据荣新江先生的《归义军史研究》一文,曹元忠在敦煌的统治时间主要在公元944至974年间,文献中对曹元忠称号的变更记载比较复杂,但可以确定从公元964年开始,曹元忠继曹议金之后号称起大王来。③

曹元忠时期所主持修建的洞窟中,营建时间最接近《功德颂》成书时间的洞窟主要有:公元950年前后建成的莫高窟三大地面洞窟之一的61窟;公元962年前后建成的第55大窟。

作为画行都料和节度押衙的董保德很可能直接参与了这两个洞窟的营建工作。姜伯勤先生认为《功德颂》中的"画蝇如活,佛铺妙越于前贤","佛铺"即宗教题材的壁画,壁画一幅称为一铺;所谓"邈影如生,圣会雅同(超)於鹫岭(后哲)","邈影"即肖像画,沙州道俗上层人士都有延请画师"邈影"的

---

① 王惠民. 董保德功德记与隋代敦煌崇教寺舍利塔//敦煌研究院. 敦煌研究. 兰州:甘肃人民出版社,1997:3.
② 马德. 董保德功德颂述略//敦煌研究院. 敦煌研究. 兰州:甘肃人民出版社,1996:3.
③ 荣新江. 归义军史研究——唐宋时代敦煌历史考索. 上海:上海古籍出版社,1996:113-122.

习惯。如《沙州文录》载《曹良才画像赞》即反映此俗。[①] 由此可知，董保德负责的项目主要有宗教题材的壁画和肖像画。

在五代第 61 窟南壁的法华经变和宋第 55 窟窟室后部的菩萨像，均体现出画工在绘制宗教题材时技法的熟练和高超。五代第 61 窟东壁南侧的女供养人画像应属于《功德颂》中所谓的"邈影"。

由壁画可见，画工的技艺正如《功德颂》中所载"故传丹青巧妙，粉墨希奇，手迹及於僧瑶（繇），笔势邻於曹氏"，姜伯勤先生认为董保德是师承前代宗教画巨匠张僧繇、曹仲达的家法的。[②] 这种极高的评价说明董保德有着高超的绘画技术，特别是 61、55 窟又是曹元忠时期主持修建的最大的两个窟，董保德作为画行中具有最高技术级别的都料和节度押衙，他很可能直接参与了洞窟壁画绘制，甚至可能涉及对整个绘制工作的管理，包括控制和分配绘画材料等。

同时，《功德颂》中指出董保德"粗晓"经文，说明他不是士大夫出身的画家，而只是有一定文化程度的上层手工业者。"实佐代之良工，乃明时之膺世"，准确地说他是一名高级画工。[③] 董保德正是凭借自己的工作能力，从普通学徒逐渐成长为画行中的都料，这需要经过相当长的时间。据李刈女士研究，作为画行都料的董保德，至公元 968 年时（李刈女士认为《功德

[①②] 姜伯勤. 敦煌艺术宗教与礼乐文明：敦煌心史散论. 北京：中国社会科学出版社，1996：15.

[③] 姜伯勤. 敦煌艺术宗教与礼乐文明：敦煌心史散论. 北京：中国社会科学出版社，1996：15-16.

颂》的成书时间），至少应该在 40 岁以上。① 若此说成立，那么，在敦煌各行工匠中，取得都料级别的高级匠师的平均年龄也应该在 40 岁以上。

《功德颂》中的石窟营建活动包括修造兰若、与诸施主共修五窟龛、应召彩绘佛龛、建造普净塔等（见录文 22 至 26 行）。由于历史原因，董保德当年所建兰若已无迹可寻。据马德先生考证，董保德当年所建造之普净塔，可能就是至今尚存于莫高窟之南的宕泉河谷的成城湾花塔。②

《功德颂》中还提到董保德兴办了几件功德，这种情况在工匠中也是非常少见的，他们一般都在归义军府衙内担任一定的职务，③ 只有工匠中的极少数人才能取得这样的业绩和财富。

从敦煌壁画中留下的汉族画工的姓名题记可以看出，汉族画工的姓名最初只是含糊题记，到五代、宋时期，画工题名已可以正式出现，画工的地位在石窟营建工作中不断得到提高，画工也逐步有了一种主动的身份意识，他们也开始取得了壁画绘制的主控地位。

2.2.2 西域工匠

敦煌自古以来为中外交通门户，西域各国人士流寓其间者往

---

① 李刈. 敦煌写本〈董保德功德颂〉的年代及有关问题//敦煌研究院. 敦煌研究. 兰州：甘肃人民出版社，2007：6.

② 马德.〈董保德功德颂〉述略//敦煌研究院. 敦煌研究. 兰州：甘肃人民出版社，1996：3.

③ 姜伯勤. 敦煌艺术宗教与礼乐文明：敦煌心史散论. 北京：中国社会科学出版社，1996：5.

往有之。西晋时敦煌出身的高僧竺法护，"其先月氏人"，"世居敦煌"（《出三藏记集》卷十三、《高僧传》卷一），他曾求法于西域诸国。① 与竺法护译经流寓敦煌之帛元信、帛延以及晋高座法师帛尸黎密多罗，皆籍隶龟兹。② 北朝晚期，高僧西行求法、东来弘教者络绎不绝。韦正先生指出："西方文化的输入与中国文化的东去，构成魏晋南北朝时期中外交流的显著特征。"③

向达先生曾指出："敦煌画壁制度、粉本、比例、凹凸法诸事属于技术，空间观念属于理论。敦煌系之佛教艺术，自技术以讫于理论，都受有印度之影响。"

在早期的石窟营建中，恐怕不仅有西来的画稿画样，而且还有大量的西域画工参与绘制，他们直接影响到敦煌的艺术形式。

在敦煌北凉第272窟西壁南侧的供养菩萨像中，菩萨的数量巨大但布局严谨，菩萨的形态在一个标准格式的基础上发生变化，这应该是画工刻意避免雷同的结果，也体现出画工高超的绘画技术。这种高超的表现技法在同期的河西墓葬壁画中没有出现。

在北魏第248窟南壁西侧上部与西魏第249窟南壁东侧上部的天宫伎乐中，均绘有一幅似婆罗门的大头人物，有人认为这是西域的舞踏面，即"苏莫遮舞"，也或是《法苑珠林》卷五所引

---

① [日] 冈崎敬. 四、五世纪的丝绸之路与敦煌莫高窟//敦煌文物研究所. 中国石窟·敦煌莫高窟（第一卷）. 北京：文物出版社，1987：198-206.
② 冯承钧. 历代求法翻经录. 上海：商务印书馆，1931：31-41；另外，莫高窟第428窟东壁门南"凉州沙门比丘道玲供养""甘州沙门孙义供养"和第294窟"清信商胡竹……供养时"，也可证实此时东西方佛教上的交往频繁。
③ 韦正. 魏晋南北朝考古. 北京：北京大学出版社，2013：529.

的《西国志》中所说的"大头仙人"。① 这种形式对汉地民众来说显得十分怪异，如果没有西域画家的直接参与则很难有如此浓郁的西域风格。

通过上面所举两例可以看出在敦煌早期应有一大批来自西域的画工直接参与了壁画的绘制工作。

1）粟特籍工匠

如果说西域工匠对敦煌艺术的产生具有重要的作用，那么西域画派中的粟特画派则是这场艺术浪潮中的重要领导者。粟特人在中国史籍中又被称为昭武九姓、九姓胡、杂种胡、粟特胡等等。粟特人用他们擅长的语言能力，在丝绸之路沿线传播着各种精神文化，包括其民族信仰祆教和后来皈依的佛教。粟特人把东西方物质文化中的精粹，转运到相互需要的一方。②

根据荣新江先生的研究，与其他外来民族比较，粟特人或粟特后裔在华的人数要远远多于波斯人、印度人、吐火罗人，甚至多于比粟特诸国还近的西域诸国人，这不能不说是数百年来大批粟特人入华，并且入仕中原王朝的结果。③

魏晋南北朝

魏晋南北朝时期是中西文化交流以更大规模展开的阶段。承担西方文化输入者角色的主要是中亚地区的粟特民族，粟特商人足迹遍及北中国的主要地区，在一些重要城市建立粟特人聚落，

---

① 林保尧. 敦煌艺术图典. 台北：艺术家出版社，1991：70、78.

② 荣新江. 中古中国与粟特文明. 北京：生活·读书·新知三联出版社，2014：1；张广达. 唐代的豹猎——文化传播的一个实例//荣新江. 唐研究：第7卷. 北京：北京大学出版社，2001：177-204.

③ 荣新江. 中古中国与粟特文明. 北京：生活·读书·新知三联出版社，2014：8.

死后埋入粟特人墓地。粟特人传入的西方文化以祆教最引人注目，同时还旁及音乐、舞蹈、饮食、金银工艺，直到隋唐还发挥着很大的影响。[1]

早在北朝前后，一些具有鲜明粟特文化色彩的画工和粉本就已在汉地流传并使用，如"胡人牵骆驼"像，分别出现在了山西太原的虞弘墓、出自中国北方而现收藏于日本 Miho 美术馆的石棺床画像以及北齐娄睿墓壁画中，说明当时中国北方已存在着大批的粟特籍石工、画工。

我国的西北地区是通往波斯之路的要塞，而敦煌作为丝绸之路的要塞，自古就与粟特多有交往。在敦煌附近古代亭障遗址中发现了 4 世纪初的粟特商人的信函。在 6 世纪时，在敦煌以东大约 900 公里的凉州（姑臧），当时已经建立了粟特人的聚落。

在敦煌壁画中出现了大量胡商的题记，如西魏第 285 窟、北周第 294 窟等，这些壁画题记表明胡人很可能就是这些洞窟的出资者。胡商很可能直接从西方带来了画稿画样和绘制壁画用的胡粉香料，甚至还参与了洞窟的设计与规划。

姜伯勤先生指出："敦煌西魏诸天形象与粟特壁画诸天形象颇为相似，十六国及北朝敦煌壁画多以红色作地仗，这都与粟特艺术有着密切的历史联系。"[2] 壁画中形象和绘制技法的相似性说明，只有西来的粟特画工直接参与绘制才会表现出如此明显的粟特痕迹。

---

[1] 韦正. 魏晋南北朝考古. 北京：北京大学出版社，2013：10.
[2] 姜伯勤. 敦煌壁画与粟特壁画的比较研究摘要//敦煌研究院. 敦煌研究. 兰州：甘肃人民出版社，1988：2.

在敦煌北周第290窟中心柱西向龛坛沿的"胡人驯马"图中，所绘胡人高鼻大耳，一手持缰，一手扬鞭，胡人沉着勇敢的形象跃然于壁上；北周第297窟西壁龛下的舞乐图中一群人在树阴下弹琴歌舞，从乐器到舞姿都可以看出它是当时流行于河西的胡乐，他们可能是施主媚佛的"供品"。

敦煌壁画中胡人生活场景和娱乐场景表现得如此详尽，画工应该对胡人的日常生活非常熟悉，他们很可能是生活在胡人聚落的汉人，或者画工本身就是粟特人。在敦煌石窟的营建工作中一定是存在着大量的粟特籍工匠，特别是在早期，他们可能承担了主要的工作，如洞窟形制设计、壁画布局、画稿选取、壁画绘制等等。

隋唐时期

姜伯勤先生指出，在中国美术史上有一个由粟特移民所组成的粟特画派。姜先生认为："品治肯特地区有一壁画遗迹，所绘鲁斯塔姆的故事的壁画均用联珠纹样作为边饰而分割开来，其形制与敦煌第390窟、244窟以联珠纹分割画面如出一辙。敦煌莫高窟隋第390窟、244窟的作者为粟特人。"[①]

姜先生还认为在巴拉雷克壁画中贵族华服上的联珠纹以及阿弗拉西勃壁画人物衣饰中之联珠翼马纹，与敦煌隋第402窟平台边饰纹样中的翼马纹，表现形式高度一致，这种伊兰风格是经粟特向隋唐中国传入的。[②]

联珠纹虽然是波斯萨珊王朝的一种颇具特征性的纹样形式，

[①②] 姜伯勤. 敦煌艺术宗教与礼乐文明：敦煌心史散论. 北京：中国社会科学出版社，1996：149-151.

但随着粟特人在丝路上的经济文化活动，这种纹样逐渐成了粟特文化的代表性特征之一，随着粟特商人的东迁而进入中国。联珠纹频频出现在敦煌隋代的壁画和塑像中，如环绕佛龛的联珠纹（如420窟），或洞窟转角处的联珠纹（如375窟），最引人注目的是彩塑菩萨的服饰上的联珠纹（如420和427窟），等等。笔者在《图案设计》一节中已对联珠纹的形式和文化特质进行过详细讨论，在此不赘述。

这些形式各异的联珠纹应是粟特籍画工绘制的，画工因为粟特人身份或文化关系，在壁画绘制工作中会不失时机地画上具有浓厚民族文化特色的纹样形式，工匠们甚至开始支配艺术取向，他们以这种崭新的艺术形式来塑造公众性的佛教艺术。

隋代敦煌佛寺中粟特艺术风格的流行，或许与隋代敦煌寺院中的粟特人后裔有关。《续高僧传》卷二六《感通》下《智嶷传》：

> "释智嶷，姓康，本康居王胤也。国难东归魏，封于襄阳，因累居之十余世矣。……二十有四，方受具足，携帙洛滨，依承慧远……仁寿置塔，敕召送于瓜州崇教寺，初达定基……嶷住寺多年……寺任众务，并悉推谢，唐初卒也，七十余岁。"①

据姜伯勤先生和日本池田温先生的研究表明，智嶷应为粟特人后裔，隋仁寿间至唐初驻敦煌崇教寺，智嶷住在敦煌之时，正好是莫高窟粟特风格壁画大盛之日。粟特僧人会主动接受粟特的

---

① 姜伯勤. 敦煌艺术宗教与礼乐文明：敦煌心史散论. 北京：中国社会科学出版社，1996：151-152.

艺术样式，也更容易与粟特的工匠保持密切的联系。

在莫高窟隋唐壁画中有大量的玻璃器皿，据学者分析，这些玻璃器皿或是拜占庭式，或是波斯萨珊式，或为伊斯兰式。毫无疑问这些样式的玻璃器物的传入是丝绸之路上粟特胡人的功劳。① 敦煌隋代第420窟窟顶东坡上部绘制的一幅《观世音菩萨普门品》，其中可以看到粟特商队在丝绸之路上行进的情形，画面中的人物形象是以中亚粟特商队为原型。

姜伯勤先生指出："莫高窟初唐第322窟龛窟主史氏或为突厥裔，或为粟特裔。"② 莫高窟北区石窟隋末唐初瘗窟中出土了波斯萨珊银币，北区石窟盛唐瘗窟中还出土了胡人木俑③。凡此种种，都表明以九姓胡人为主的粟特人艺术在当时的流行。

7世纪初隋炀帝曾大规模地招徕外族，这应当是粟特商人大举东来的重要时机。日本的池田温先生认为敦煌最早是在隋代，最晚是在7世纪中叶建立了粟特人聚落，到8世纪中叶敦煌已存在相对完善的粟特人聚落。④ 在唐朝统一帝国建立后，大多数在唐朝直辖州县区域内的粟特聚落基本变成乡里，聚落的粟特民众逐渐分散开来，这些粟特人逐渐开始被汉化。

---

① 安家瑶. 莫高窟壁画上的玻璃器皿//北京大学中国中古史研究中心. 敦煌吐鲁番文献研究论集. 北京：北京大学出版社，1983：2.
② 姜伯勤. 莫高窟322窟持动物畏兽图像——兼论敦煌佛窟畏兽天神图像与唐初突厥祆神崇拜的关联. 姜伯勤. 中国祆教艺术史研究. 北京：生活·读书·新知三联书店，2004：217-224.
③ 彭金章，沙武田. 试论敦煌莫高窟北区洞窟出土波斯银币和西夏钱币. 载于《文物》文物出版社. 文物出版社出版，1998（10）：22-27.
④ [日] 池田温. 唐研究论文选集. 孙晓林，等译. 北京：中国社会科学出版社，1999：40-42.

敦煌盛唐第45窟观音经变中的"胡商遇盗图",几个胡人高鼻深目,满脸胡须,胡人特征明显,但是服饰除头戴各类毡帽具有民族特征外,所着圆领袍衣完全是当时唐人的基本服饰,与唐装的强盗没有区别。其中,站在最前排的商胡,头戴高顶毡帽,身着绿色长衫,看上去年纪较大,可能就是佛经中的商主形象。荣新江先生认为这是画工将佛经中的印度萨薄转换成了粟特萨保的形象。[1]

这种转换可能是由于画家受现实因素的影响,对粟特商人的形象非常熟悉,可能有意无意地把印度萨薄转换成了粟特萨保。如果这是由粟特裔画工创作的,他们也早已被汉文化所同化,从文化而不是从种族上来说,他们与汉人无异。这是一种文化趋同的过程。

粟特人从本土迁徙到中亚(西域)和中国,一方面带来了伊朗系统的宗教文化,另一方面又反过来受中亚、中国佛教文化和汉文化的影响。不同文化的相互影响与融汇,又生发出新的图像特征,并产生新的功能。

吐蕃时期

河西地区于建中二年(公元781年)开始为吐蕃统治。[2] 陆庆夫、郑炳林先生认为,吐蕃统治时期的敦煌存在着大量的粟特人,上至吐蕃统治政权,下至各行各业的手工作坊,甚至寺院僧人中也有为数不少的粟特人,而且有一部分粟特人成为当时敦煌

---

[1] 荣新江. 中古中国与粟特文明. 北京:生活·读书·新知三联出版社,2014:211-212.

[2] 段文杰. 唐代后期的莫高窟艺术//敦煌文物研究所. 中国石窟·敦煌莫高窟(第四卷). 北京:文物出版社,1987:161-174.

社会的代表人物。①

郑炳林先生认为,敦煌的粟特人既信袄教又信佛教。敦煌藏经洞中曾出土了一批粟特文佛典。② 在这样的历史背景下,在这一时期为数众多的洞窟营建中有大量粟特籍工匠的参与应是确定无疑的。

沙武田先生在《敦煌莫高窟第158窟与粟特人关系试考》一文中指出,敦煌中唐第158窟很可能就是以当时身居要职的"安景旻"为代表的粟特安氏家族所营建的功德窟。

郑炳林先生认为在敦煌文书P. 2621《发愿文》中记载的安公即是"安景旻",P. 2621《发愿文》的相关记载如下:

> "二都督唱道于尧,三部落使和声应,百姓云集,僚吏同携,建一所伽蓝,兴百□之役。千梁偃蹇,上接仙途;数仞降基,傍通鸟径;檐垂天隙,攘列横定,周匝四廊;徘徊五达,负良工之架回;或登或涧,尽图尽之奇能;既丹即雘,东彩药师之变,妙极地方,西图净土之容,信兹极乐。维摩问疾,方丈虚容,素像神仪,光浮赫弈。此旬功毕大会,即时亦有专使中传尚命,虔跪尊前,飞驿速临,故来庆赞。"③

《发愿文》中的安公如此勤于"伽蓝之建",则必信仰佛教。

---

① 陆庆夫. 唐宋间敦煌粟特人之汉化//中国社会科学院. 历史研究. 北京:中国社会科学院出版社, 1996(6):25-34.

② 荣新江. 中古中国与粟特文明. 北京:生活·读书·新知三联出版社, 2014:10.

③ 郑炳林. 唐五代敦煌的粟特人与归义军政权//敦煌归义军史专题研究. 兰州:甘肃文化出版社, 2005:413.

文中的"兴百□之役""负良工之架回"可见当时工程巨大，"此旬功毕大会"也足见安公对营建工作的重视，他很可能直接负责了当时的指挥和设计工作。"安景旻"在当时具有很大的势力，他完全有能力聚集敦煌地区的粟特籍工匠，甚至聘请粟特籍名工来领导壁画的绘制工作。

在158窟北壁的涅槃经变中出现了具有典型粟特丧葬习俗的"割耳劓面"的画面，画面疏朗有致，人物极其传神，运笔的自如和流畅的线条非一般画工所能成就；同窟南壁中的人物表现沿用了早期的"凹凸晕染法"，画面技法也非同一般，人物神态生动、造型夸张，必是技术精湛者所绘。

可以肯定，该窟从整体的窟型、壁画内容的设计，到具体的实现，一定有大量的粟特籍工匠的参与。这一时期随着粟特聚落的离散、粟特人的汉化，粟特祆教美术的某些图像，仍可以在敦煌佛教美术中找到它的痕迹。粟特籍画工在绘制时多少还是带有某些粟特文化的特征的。

笔者根据向达、姜伯勤、段文杰、万庚育、马德等先生的研究成果，将公元9、10世纪吐蕃和归义军统治时期散见于当时官府和寺院收支账目（即"入破历"）中的工匠姓名进行整理后发现，有一部分工匠虽然族属不清，但从其名字来看带有很大的西域痕迹，其中一些人很可能就是粟特人。详见表2-2-B。

表2-2-B 敦煌文献中的异族工匠名录

姓名	职业类别	技术级别	文献编号
安生	画匠	工、生	P.3763v
安铁子	画匠	匠	P.3763v

续表

姓名	职业类别	技术级别	文献编号
安阿丹	靴匠	匠	P. 4640v
王丑奴	木匠	匠	MG. 22799
氾丑奴	木匠	博士	S. 4525
史奴奴	铁匠	匠	P. 2641、P. 2032
吴神奴	金银匠	匠	北剑 98
王神神	金银匠	匠	P. 4640
阴应子	胡禄匠	匠	P. 2641
阴苟子	金银匠	匠	P. 2641
阴骨子	打窟		P. 4525（8）《官布籍》
索阿朵子	打窟		P. 4525（8）《官布籍》
吐浑阿师		师	P. 3074v

从公元 6 世纪起，中国历史上就已出现了康、安、曹等胡姓的粟特人。日本的池田温先生在《八世纪中叶敦煌的粟特人聚落》一文中指出，8 世纪中叶敦煌粟特人聚落"从化乡"的康、安、石、曹、罗、何、米、贺、史等姓人当中，总共 236 人中，占总人数的九成以上。显而易见，这九姓构成了该乡居民的主体，敦煌"从化乡"居民种族构成以粟特人为主。其中安氏仅次于康姓，位居第二，有 39 人。[①]

表 2-2-B 中的安姓工匠"安生、安铁子、安阿丹"虽与

---

① 袁宣萍，赵丰. 中国丝绸文化史. 济南：山东美术出版社，2009：87-90；[日]池田温. 唐研究论文选集. 孙晓林，等，译. 北京：中国社会科学出版社，1999：26.

"从化乡"的粟特人聚落已有一定的时间距离,但他们很可能作为粟特后裔而继续从事绘画和其他手工业活动,"安生、安铁子"为画匠,"安阿丹"为靴匠。

盛唐第182窟西龛内南侧下以当时画壁所用的石绿色题写:"康人安五月十六日记之也",推测为画工题名。康姓也是出自粟特人。《历代名画记》中记载:"晋代康昕,字君明,外国胡人。"向达先生指出唐初流寓于长安的西域画家康萨陀应为粟特籍,康萨陀"善画异兽奇禽,千形万状。桑原氏谓萨陀当系粟特人"。① 盛唐第182窟的康姓画工"康人安"可能就是粟特人。

归义军时期

敦煌的粟特人是归义军的主要支持者。如前文所提到的158窟窟主"安景旻",他作为当地粟特后裔的领袖,在公元848年张议潮起义时,与之一同起兵。② 在归义军政权建立后,粟特人亦成为不可或缺的成分。

按照荣新江、冯培红的研究,敦煌归义军曹氏族源当属粟特九姓胡。荣新江先生还指出,在曹氏归义军的官府中,粟特后裔占有很大的比重,归义军内外的重要官职都为粟特后裔所担任。在敦煌的下层社会中,粟特后裔也无所不在。③ 这样看来,我们可以推测出敦煌石窟的营建中应该既有作为窟主的粟特人,也有作为高级画师的粟特人,更有作为普通工匠的粟特人。

---

① [唐]张彦远. 历代名画记. 杭州:浙江人民美术出版社,2011年,卷(六);向达. 唐代长安与西域文明. 石家庄:河北教育出版社,2007.

② 荣新江. 中古中国与外来文明. 北京:生活·读书·新知三联出版社,2014:234.

③ 荣新江. 中古中国与外来文明. 北京:生活·读书·新知三联出版社,2014:258-274,239-244.

晚唐第196窟为粟特何姓人所营建，五代第256窟和宋代第55窟为粟特后裔的曹姓所营建，① 目前这已被学界所公认。五代第129窟南壁供养人第十身题记云：

"□主男节度押衙知左右厢绘画手银青光禄大夫检校国……兼监察御史上柱国安存立永充一心供养。"②

该窟为安家窟，安氏也为昭武九姓，即粟特人，那么作为"节度押衙知左右厢绘画手"的"安存立"，应该是在曹氏画院中具有相当高地位的高级画师。

莫高窟晚唐第196窟甬道南壁西起第一身供养人像上有一则"岷州弟子甘州萨宝朝谒"题记，岷州弟子是指其人原籍岷州，后为官，在张掖任"甘州萨宝"。这个"甘州萨宝"的题记，可能就题刻在元代和清末之间。也就是说在元代以后的敦煌及其周边仍有粟特人的聚落，而这个"甘州萨宝"无疑是受到中央王朝的正式任命的。③

敦煌地区的九姓胡，发展到中唐时期大概已经有很大的变化，

---

① 沙武田. 敦煌莫高窟第158窟与粟特人关系试考. http://www.cnki.net/KCMS/detail/detail.aspx?QueryID=0&CurRec=1&recid=&filename=SHIZ201002007&dbname=CJFD2010&dbcode=CJFQ&pr=&urlid=&yx=&v=MDA0OTFNclk5Rlk0UjhlWDFMdXhZUzdEaDFUM3FUcldNMUZyQ1VSTCtmWStadUZpbmtVNzdOTmlYQ2RMRzRIOUg=

② 姜伯勤. 敦煌艺术宗教与礼乐文明：敦煌心史散论. 北京：中国社会科学出版社，1996：33-26.

③ 刘永增. 莫高窟第158窟的纳骨器与粟特人的丧葬习俗. http://www.cnki.net/KCMS/detail/detail.aspx?QueryID=4&CurRec=1&recid=&filename=DHYJ200402001&dbname=CJFD2004&dbcode=CJFQ&pr=&urlid=&yx=&v=MDExNTBYTXJZOUZaWVI4ZVgxTHV4WVM3RGgxVDNxVHJXTTFGckNVUkwrZlkrWnVGaW5rVUwvTklTWFNaTEc0SHQ=

他们基本上已被汉化,他们的生业也与汉人有着许多共同点。同时,自唐代始,粟特聚落被中原王朝或地方政府改造成乡里后,他们分散到当地居民当中,胡人特有的生活方式也被当地民众所接受和效仿,他们参与和丰富了我国物质文化生活和艺术生活。

在9、10世纪归义军时期官府和寺院的各类《入破历》中,可以看到许多看望和"屈"(即招待)工匠们的记述。其中,敦煌文书P.2641、S.2474、S.1366中有关于工匠生产和生活情况的零碎记载。

在P.2641归义军宴设司中对工匠情况的有关记载如下:①

> 泥匠二人,早上馎饦,午时各胡饼两枚;供柒日,食断。
>
> 铁匠史奴奴等贰拾人,早上馎饦,午时各胡饼叁枚,供壹日,食断。
>
> 金银匠捌人,早上馎饦,午时各胡饼两枚,供两日,食断。
>
> 造鼓木匠捌人,早上馎饦,午时各胡饼两枚,供两日,食断。
>
> 又铁匠拾人,早上馎饦,午时各胡饼两枚,供壹日,食断。
>
> 鞍匠张儿儿等拾壹人,早上馎饦,午时各胡饼两枚,供两日,食断。
>
> 抽金扇画匠叁人,早上馎饦,午时各胡饼两枚,供两日,食断。

---

① 马德. 敦煌工匠史料. 兰州:甘肃人民出版社,1997:31-33.

>　　铁匠史奴奴等拾人，早上馎饦，午时各胡饼叁枚，
> 供壹日，食断。
>
>　　造鼓木匠冯常安等捌人，早上馎饦，午时各胡饼两
> 枚，供伍日，食断。

从这段记载中可以看出当时工匠的主要食物是"胡饼"。这应该是西域各国的常见食物。汉魏以来，胡食即已行于中国，至唐而转盛，唐代长安盛行此饼。向达先生认为"开元以后，贵人御馔，尽供胡食"。胡饼可名麻饼，亦曰炉饼。饼中并可着馅。[①]在敦煌中唐第159西龛内西壁绘有做胡饼的场面，这种饼仍是现在的常见食物，即烤馕。文书中的"馎饦"可能也是某种西域常见的面食。可见，到了五代、宋时期，胡人的生活方式已被当地民众所接受和效仿，西域文明从思想意识到日常生活给中国社会带来的影响日益加深。

此外，从这段记载中我们亦可以看出当时工匠的主食不仅定量，而且还有一定的标准，每位工匠的伙食几乎一样，这也说明当时石窟建筑的后勤管理工作已经相当成熟和健全，连工匠的食物配给都有具体的标准和要求，同时，也反映出当时管理者对工匠的苛刻待遇。一般是由官府或寺院按定量供给饮食。我们从官府或寺院的《入破历》中可以看出，他们供给工匠们的主食，各类工种、各个季节的标准都是一样的，根本没有考虑劳动强度的大小或劳动时间的长短，而且多一顿也不供给。

2）其他民族的工匠

池田温先生将"从化乡"居民姓名划分为胡式、汉式和归

---

① 向达. 唐代长安与西域文明. 石家庄：河北教育出版社，2007.

属难以确定的三组，其中，在难以断定姓名归属的25人中，有一名"（安）奴奴Nunu［nuo1nuo1］"，① 这与表中的"王丑奴、史奴奴、氾丑奴"等名字的发音极为相似，它们绝不是汉人的名字。与此类似的还有西夏重绘的第130窟西壁有画工题名"石□奴"、中唐第225窟的男像题名"王沙奴"。

根据荣新江先生的研究，粟特商队在行进中吸纳了许多其他中亚民族，如吐火罗人、西域（塔克拉玛干周围绿洲王国）人、突厥人等，因此不论是粟特商队还是粟特聚落中，都有多少不等的粟特系统之外的西方或北方的部众。根据一些地方的聚落实际的种族构成情况，我们把粟特聚落有时也称为胡人聚落。②

敦煌"从化乡"是粟特聚落，也是当地粟特民众精神信仰的中心，"（安）奴奴Nunu［nuo1nuo1］"可能就是被吸纳进粟特聚落的西方或北方少数民族，那么表2-2-13中的"王丑奴、史奴奴、氾丑奴、吴神奴、王神神"以及壁画中的"石□奴、王沙奴"可能都是被粟特化了的少数民族。

在敦煌石窟的营建过程中，参与劳动的当然远远不止粟特籍工匠，还有大量的其他民族工匠参与其中。上述表2-2-B中出现的"吐浑阿师、索阿朵子"，这不是汉人命名的习惯，他们很可能是当时活跃在西北一带的少数民族。据敦煌文书P. 4525（8）的粗略记载，"吐浑阿师"为打窟人，敦煌文书P. 3074v中没有记载"索阿朵子"的具体职业，只是技术级别为"师"级。

---

① ［日］池田温. 唐研究论文选集. 孙晓林，等译. 北京：中国社会科学出版社，1999：16-28.
② 荣新江. 中古中国与粟特文明. 北京：生活·读书·新知三联出版社，2014：2-3.

表 2-2-B 中还出现了阴姓的"阴应子、阴苟子、阴骨子","阴"为鲜卑族姓。本文第一章即指出,历代阴氏家族都积极参与了敦煌石窟的营建工作。在敦煌文书中的阴姓工匠可能也是鲜卑后裔,作为打窟人的"阴骨子"和作为金银匠的"阴苟子",他们直接参加了敦煌石窟的营建工作。

在敦煌莫高窟和安西榆林窟的部分洞窟中,保存着一批工匠供养人画像和题名,其中的部分工匠姓名已有学者进行过探讨。

榆林窟第 33 窟题记载:"清信弟子节度押衙□□相都画匠作银青光禄大夫白般绽一心供养。"第 35 窟题记载"□(施)主沙州工匠都勾当画院使归义军节度押衙银青光禄大夫检校太子宾客(竺)保一心供养。"向达先生认为白般绽为流寓于敦煌的龟兹国人,竺保为印度人。榆林第 29 窟的题记载:"乾佑(？祐)二十四年□□□日画师甘州住户高崇德小名那征到此画秘密堂记之。"段文杰先生指出高崇德为党项族①。

在榆林窟第 24 窟窟内东壁门南的第二身供养人像的题记为:"社长押衙知金银行都料银青光禄大夫检校太子宾客郁迟宝令一心供养。"郁迟一姓即为尉迟之异译,这是于阗国姓 Visá 一字的对应音,② 所以尉迟出自西域。《历代名画记》中有名的西域画家尉迟乙僧,及乙僧父跋质那,人称大尉迟,③ 两人都是于阗国人。知金银行都料是制作金银器如金银平脱之类,也与石窟的营

---

① 向达. 唐代长安与西域文明. 石家庄:河北教育出版社,2007;段文杰. 莫高窟晚期的艺术//敦煌文物研究所. 中国石窟·敦煌莫高窟(第五卷). 北京:文物出版社,1987:173.

② 向达. 唐代长安与西域文明. 石家庄:河北教育出版社,2007.

③ [唐]张彦远. 历代名画记(隋卷第八). 杭州:浙江人民美术出版社,2011:134.

建工作相关，所以"郁迟宝令"应为于阗籍工匠无疑，他因精湛的技艺而担当了金银匠都料一职。

这些异族工匠不仅参与了石窟营建，还担当着十分重要的职位，可见当时曹氏的开放政策。它极力吸纳着其他多种文化因子，促进了以敦煌为中心的多民族交往，使得10世纪的敦煌文化呈现出远比张氏归义军时期更加丰富多彩的画面。

2.3 敦煌工匠信息一览表

敦煌壁画和敦煌文献中所记古代工匠之名十分有限，而且很多壁画题记和文献中只记载了工匠姓氏，又或只记录了工匠的类别，其他资料则付之阙如。笔者从已刊布的敦煌文献和壁画题记中摘抄出保留有完整工匠姓名的内容，并以工匠所从事的具体工作和所取得的技术级别为序进行了整理，详见表2-3-A。

其中，画工的信息又更为详细。笔者单独列出了画工的信息，并找出画工所绘制的洞窟，以此更加立体地了解画工，并以时间为序进行了整理，详见表2-3-B。

表2-3-A 敦煌工匠信息一览表

工匠姓名	职业类别	技术级别	文献编号与出处
张博士	泥匠	博士	P. 3302v
氾英振	泥匠	博士	北碱59、S. 0542《诸寺丁壮车牛役部》
王仙	泥匠	匠	S. 0542
令狐友德	泥匠	匠	S. 5039

续表

工匠姓名	职业类别	技术级别	文献编号与出处
张保盈	泥匠	匠	P. 2953v
张留住	泥匠	匠	P. 2032
史生	泥匠	生	P. 2032v
王庶子	上仰泥	匠	S. 6829v
赵僧子	塑匠	都料	S. 4899、P. 3964
陈押衙	塑师	押衙	P. 4909
令狐博士	塑匠	博士	P. 3490
张建宗	塑匠	匠	P. 3490
马报达	塑匠		北往40
康博士	木匠	博士	P. 3302v
氾丑奴	木匠	博士	S. 4525
任博士	木匠	博士	S. 3905v
令狐海员	木匠	匠	莫高窟第370窟壁画题记
任珪	木匠	匠	S. 6233
杨君子	木匠	匠	P. 2868
王丑奴	木匠	匠	MG. 22799
邓再通	木匠	匠	S. 4657
冯常安	木匠	匠	P. 2641
张再升	木匠	匠	P. 2032v
彭友子	木匠	匠	Dy. 001
董万千	木匠	匠	P. 2032v
王仙	木匠		S. 0542《诸寺丁壮车牛役部》

续 表

工匠姓名	职业类别	技术级别	文献编号与出处
史英俊	木匠		S. 0542《诸寺丁壮车牛役部》
郁迟宝令	金银匠	都料	榆林第24窟壁画题记:"检校太子宾客郁迟宝令一心供养"
汜都料	金银匠	都料	S. 6452
王神神	金银匠	匠	P. 4640
赤旦	金银匠	匠	S. 6045
李员住	金银匠	匠	S. 6330
王流住	金银匠	匠	P. 2049v
阴荀子	金银匠	匠	P. 2641
张恶眼	金银匠	匠	S. 6452
曹灰子	金银匠	匠	北剑98
翟信子	金银匠	匠	北剑98
吴神奴	金银匠	匠	北剑98
何员住	纸匠	都料	莫高窟第196窟题记:"故父纸匠都料何员住一心供养"
何员定	纸匠	匠	莫高窟第196窟题记:"故弟子纸匠何员定一心供养"
葵曹八	纸匠		S. 0542《诸寺丁壮车牛役部》
刘建昌	石匠	匠	S. 4120

表2-3-B 敦煌画工信息一览表

姓名	技术级别	时代与出处	文献编号与出处
辛仗和		北周 290窟	北壁上端图案纹样中题写"辛仗和"

续表

姓名	技术级别	时代与出处	文献编号与出处
郑洛生		北周 290窟	中心柱西向龛龛沿底部题写"郑洛生"
平咄子	画师	隋303窟	中心柱东向龛下壁题写:"僧是大喜故书壹字画师平咄子"
康人安		盛唐182窟	西龛内南侧下题写:"康人安五月十六日记之也"
宋承嗣		盛唐185窟	西龛北侧帐门边饰上题记:"天宝八载四月廿五日书人宋承嗣作已之也"
宋文君		晚唐196窟	南壁东起第六身菩萨像右下侧题写:"弟子宋文君敬画菩萨四躯一为己亡慈母二为己息己亡索氏娘子"
安存立	匠手	五代第129窟	南壁供养人第十身题记:"□主男节度押衙知左右厢绘画手银青光禄大夫检校国……兼监察御史上柱国安存立永充一心供养"
张弘恩	匠手	五代第129窟	南壁供养人题记:"子婿衙前正兵使兼绘画手银青光禄士大夫检校太子宾客试□(殿)中监张宏恩□(永)□一心供养"
氾定全	画师	五代重修第444窟	檐外北壁题记:"太平兴国三年戊□(寅)岁正月初三日和尚画窟三人壹氾定全"
高崇德	师	五代榆29(19)窟	"乾佑(?祐)二十四年□□□日画师甘州住户高崇德小名那征到此画秘密堂记之"

续　表

姓名	技术级别	时代与出处	文献编号与出处
白般绽	都匠	五代榆33窟	清信弟子节度押衙□□相都画匠作银青光禄大夫白般绽一心供养
武保琳	都勾当知画院使	五代榆34窟	□主沙州工匠都勾当知画院使归义军节度押衙银青光禄大夫检校太子宾客武保琳一心供养
武保琳	押衙	五代榆35窟	东壁南侧："节度押衙知画手银青光禄大夫检校太子宾客武保琳一心供养"
竺保	都画院使	五代榆35窟东壁南侧	东壁南侧："□（施）主沙州工匠都勾当画院使归义军节度押衙银青光禄大夫检校太子宾客（竺）保一心供养"
李园心	匠	五代榆32窟	"画匠弟子□（李）□（园）心一心供养"
令狐信延	押衙	北宋榆20窟	"雍熙伍年岁次戊子三月十五日，沙州押衙令狐信延下手""画副监使窟，至五月卅日□具画此窟周□愿"

3 网罗笔墨——敦煌的画院制度

  敦煌文献中蕴藏着与敦煌石窟营建相关的部分原始材料，其中尤以曹氏归义军时期的资料最为丰富，根据这些文献资料和这一时期的壁画题记，可以证实曹氏政权曾设有专门管理石窟营建的机构。同时，在曹氏归义军时期所主持营建的洞窟，在建筑形制、壁画布局、绘制技法等各个方面都表现出统一而独特的风格，这又从图像方面再次证明了当时管理机构的存在。

  笔者通过对文献的整理和对图像的分析，整理出营建管理机构的具体形态，并进一步探索这些机构在石窟营建中所起的不同作用，以及在这些机构所提供的高度组织化的营建环境中画工们的独特的创作方式。

3.1 文字记载中的画院制度

  史苇湘先生指出："曹氏政权在莫高窟开凿和改建了八十多

座石窟。"① 马德先生指出:"莫高窟崖面上的几乎所有的洞窟,在公元 10 世纪时由敦煌的地方割据政权瓜沙归义军组织和号召民众进行重修和维修。"笔者将曹氏归义军时期所开凿的主要洞窟进行了统计,详见表 3-1-A。

表 3-1-A 曹氏新建莫高窟洞窟统计表

时代	曹氏归义军时期
洞窟编号	4、5、6、22、25、37、40、55、61、72、73、86、90、98、99、100、108、146、174、187、189、228、230、233、235、256、261、324、325、350、351、355、362、364、443、452、454、476

曹氏家族所开凿的洞窟具有独特而又统一的风格,特别是在某些规模宏大的洞窟内,如莫高窟第 98、100、108、61、454、55 等窟内的壁画主题和人物形象形成了一种基本样式,这无疑是在匠师统一规划下集体制作的结果。

小小的瓜州曹氏归义军政权,在公元 906 年至公元 1036 年的一百多年间,在有限的人力、物力、财力下,在复杂的政治关系与特殊的民族关系中,不仅主持修建了莫高窟的三十多个洞窟,还新建和重修了安西榆林窟的 28 个洞窟。如此浩繁而重大的工程,不仅要有一大批工匠参加营建,还要有高度组织化和系统化的管理机构,才能保证这一时期营建工作的顺利进行。

在 10、11 世纪的敦煌文献中,对画工的记载少而零散。同时,在现存曹氏归义军时期,莫高、榆林等石窟群中,曹氏创建

---

① 史苇湘. 丝绸之路上的敦煌与莫高窟//敦煌文物研究所. 敦煌研究文集. 兰州:甘肃人民出版社,1982:323.

与重修的洞窟达七十余窟①，只有十余个保存有明确的造窟纪年和详细的画工题记。笔者将壁画题记和敦煌文献中散存的画工信息进行整理和归类，详见表3-1-B。通过对这些资料的排比分析，并结合前人的研究成果，我们最终能考见当时曹氏政权在敦煌所设管理机构之梗概。

表3-1-B 五代、宋时期的画工信息

画工等级	姓名	时代与出处	其他
节度押衙、银青光禄大夫、检校太子宾客、都勾当知画院使	武保琳	五代榆34窟	□主沙州工匠都勾当知画院使归义军节度押衙银青光禄大夫检校太子宾客武保琳一心供养
节度押衙、银青光禄大夫、检校太子宾客、都勾当画院使	竺保	五代榆35窟	东壁南侧："□（施）主沙州工匠都勾当画院使归义军节度押衙银青光禄大夫检校太子宾客（竺）保一心供养"
节度押衙、银青光禄大夫、检校太子宾客、知画手	武保琳	五代榆35窟	东壁南侧："节度押衙知画手银青光禄大夫检校太子宾客武保琳一心供养"
节度押衙、银青光禄大夫、都画匠作	白般绽	五代榆33窟	清信弟子节度押衙□□相都画匠作银青光禄大夫白般绽一心供养

---

① 段文杰. 榆林窟的壁画艺术//敦煌研究院. 安西榆林窟. 北京：文物出版社，2012：167.

3 网罗笔墨——敦煌的画院制度 81

续 表

画工等级	姓名	时代与出处	其他
节度押衙、银青光禄大夫、绘画手	安存立	五代莫高窟第129窟	南壁供养人第十身题记:"□主男节度押衙知左右厢绘画手银青光禄大夫检校国……兼监察御史上柱国安存立永充一心供养"
银青光禄大夫、检校太子宾客、绘画手	张弘恩	五代莫高窟第129窟	南壁供养人题记:"子婿衙前正兵使兼绘画手银青光禄大夫检校太子宾客试□(殿)中监张宏恩□(永)□一心供养"
沙州押衙、画副监使	令狐信延	北宋榆20窟	雍熙伍年岁次戊子三月十五日,沙州押衙令狐信延下手;画副监使窟,至五月卅日□具画此窟周□愿
都料	董保德	五代(敦煌文书S.3929)	
画师	氾定全	五代重修第444窟	檐外北壁题记:"太平兴国三年戊□(寅)岁正月初三日和尚画窟三人壹氾定全"
画师	高崇德	五代榆29(19)窟	乾佑(?祐)二十四年□□□日画师甘州住户高崇德小名那征到此画秘密堂记之
师	张延锷	晚唐(敦煌文书Ch,xv-ni.002v)	
画匠	李园心	五代榆32窟	主室南壁残存的第四身供养像题记:"画匠弟子□(李)□(园)心一心供养"

续表

画工等级	姓名	时代与出处	其他
匠	田生	敦煌文书 S. 4703	
匠	安铁子	敦煌文书 P. 3763v	
生	董文亥	敦煌文书 ch. xxxviii. 005	
工、生	史生	敦煌文书 P. 3763v	
工、生	安生	敦煌文书 P. 3763v	

3.1.1 曹氏画院制度

1）官府画院

段文杰先生曾指出："五代、北宋时期的曹氏政权仿照中原设立画院，曹氏画院大约延续了百余年，一度兴盛，在曹元忠任节度使之后日趋衰落。"①

美国学者胡素馨女士认为："在北宋开国时（即公元960年）敦煌地区就有了画院，其画院的组织结构与当时中国其他独立地区的组织机构相似。"②

姜伯勤先生根据榆林窟35窟的供养人题记以及五代时沙州

---

① 段文杰. 莫高窟晚期的艺术//敦煌文物研究所. 中国石窟·敦煌莫高窟（第五卷）. 北京：文物出版社, 1987：161-170.

② [美]胡素馨. 佛教艺术的经济制度：杂物黎、储藏室和画行. http://www.book118.com/sheke/5/sort0921/702053.html

的寺院账目的记载,认为敦煌在公元939年,即在北宋开国之前的五代之时,敦煌已置有画院。姜先生还指出,"在中国绘画史籍中,画院之设,始见于五代时南唐及前后蜀。在那里,画院是供奉皇家的机构。在沙州,则是供奉敦煌王曹氏的机构"。[①]

根据诸位学者的研究,可以肯定,至少在公元939年前后,敦煌就已经存在画院或某种公署性的机构。在表3-1-B中画工的级别一列中反复出现了"节度押衙""沙州押衙",也证实了当时官府画院的存在。敦煌的官府画院属曹氏归义军的王家供奉机构。

另外,姜伯勤先生还指出,"节度押衙""银青光禄大夫"等头衔均属于唐五代节度使衙僚佐一类的职务,所以,曹氏画院不是宋制而属于唐五代节度使僚佐系统。"银青光禄大夫"也代表着章服的限制,依唐制位从三品可以服紫。[②] 根据供养人题记可知,画院中以画艺而取得一定地位的画工可以服紫,可见归义军政权给予画工很高的地位。

从表3-1-B中可见,具有"节度押衙""银青光禄大夫""检校太子宾客"等称谓的画工还兼有"都勾当画院使""都勾当知画院使",又或兼有"知画手""绘画手"等头衔,说明画工的地位可能高于其他行业的工匠,部分画工已从卑下的地位转变为王家供奉者的地位。

在榆林第35窟东壁南侧还出现了画师的供养像,壁画中的画师着襕衫,系革带,戴直脚幞头,手持笏。画师像前的一身题

[①] 姜伯勤. 敦煌艺术宗教与礼乐文明:敦煌心史散论. 北京:中国社会科学出版社, 1996:22-25.

[②] 邓椿. 画继(卷10) //姜伯勤. 敦煌艺术宗教与礼乐文明:敦煌心史散论. 北京:中国社会科学出版社, 1996:22-25.

记为:"□(施)主沙州工匠都勾当画院使归义军节度押衙银青光禄大夫检校太子宾客(竺)保一心供养。"竺保作为"都勾当画院使"已能与该窟供养人同列于一壁之上,可见他的地位之高。

段文杰先生曾指出,归义军时期的画院包含了石匠、塑匠、画师等不同的行业,"都勾当画院使"管理着整个画院。向达先生早在1950年就提出"都勾当画院使"掌管着院事。① 所以,我们可以确定"都勾当画院使"是当时官府画院的最高领导者,他是整个营建工程的设计者和策划人,他管理着画工、木匠、石匠、塑匠等不同行业。

表3-1-B中的榆林第34、35窟的题记中,画工武保琳具有"都勾当知画院使""知画手"的头衔,他可能是负责绘事的最高领导者。所以,在曹氏画院中,"都勾当知画院使"应该是专门管理绘事和组织画工的最高级别的技术岗位,"都勾当知画院使"应该受"都勾当画院使"的直接管理。由此可见,各行的工匠们应该分属各行的最高领导者,各行领导者都要受"都勾当画院使"的直接管理。

表3-1-B中的北宋榆林第20窟的壁画题记中有"画副监使",这可能是负责监察和验收壁画绘制工作的官职,题记中同时还出现了"沙州押衙"的称谓,这说明"画副监使"不仅为官府画院工作,也要受"都勾当画院使"的直接管理。

在表3-1-B中的第129窟南壁题记:"子婿衙前正兵使兼绘画手银青光禄士大夫检校太子宾客试□(殿)中监张宏恩

---

① 段文杰. 莫高窟晚期的艺术//敦煌文物研究所. 中国石窟·敦煌莫高窟(第五卷). 北京:文物出版社,1987:161-170;向达. 唐代长安与西域文明. 石家庄:河北教育出版社,2007:384.

□（永）□一心供养。"由此可知，该窟主的女婿"张宏恩"是在节度使衙门供奉的"绘画手"。

另在敦煌文献 Ch，xvni. 002v 号中有当时执掌瓜沙归义军政权的张（淮）深之子张延锷写画佛经佛像的题记，据马德先生考证："张延锷本人当时担任归义军的'左神武统军长使兼御史中丞'，是位武将，但又擅长诗、书、画，他并不是工匠，也不是写经生，但他也可以像普通画匠或经生那样亲自'敬心写画'图文并茂的佛经。"①

由此可见，像"张宏恩""张延锷"这样的一批官家或贵族子弟也从事壁画的绘制工作，他们绝不可能像其他普通画工那样听命于官府或寺院，他们甚至不一定亲自从事了绘画工作，他们更可能是参与壁画的设计或验收工作。

综上所述，在官府画院中的工匠应包括与营建相关的各行工匠，各行工匠都有最高领导者，他们都受"都勾当知画院使"、"都勾当画院使"的直接领导。同时，还有相应的监察和验收营建工作的"画副监使"，以及一些官家和贵族子弟。

2）官府作坊

在表3-1-B中，榆林窟第33窟的主室东壁第八身供养人题记中出现了"都画匠作"，胡素馨女士认为该题记中的"作"是指"坊"，接近于当时中国的民间作坊。向达先生认为该"都画匠作"是指专门管理绘事的官职。②

---

① 马德. 敦煌工匠史料. 兰州：甘肃人民出版社，1997：28-30.
② ［美］胡素馨. 佛教艺术的经济制度：杂物黎、储藏室和画行. http：//www. book118. com/sheke/5/sort0921/702053. html；向达. 唐代长安与西域文明. 石家庄：河北教育出版社，2007：384.

姜伯勤先生结合榆林窟第 32 窟供养像题记中的"匠",认为该题记说明在归义军时期,除上述的官府画院外,还有官府作场。姜伯勤先生还根据敦煌文献 P. 2629《官酒破历》、P. 2641《归义军节度使宴设司牒案》、P. 4640《唐己未至辛酉年(899—901)归义军衙内破用布纸历》等,指出沙州归义军使衙下设"作坊司",主管者为"作坊使",其内有画匠供作。①

所以,可以肯定,在归义军时期除官府画院外,还有官府供奉的作坊,二者应该是相互平行、互为补充的官府机构。官府作坊内也供奉着一批从事石窟营建和壁画绘制的专业人士,作坊内的管理模式和基本结构应与官府画院相同,只是在官府作坊中最高的管理者称为"作坊使",专门管理绘事的称为"都画匠作"。

3) 民间画行

在《敦煌工匠队伍的构成》一节中所提到的敦煌文献 S. 3929《董保德功德颂》中还出现了"行侣"一词,姜伯勤先生认为这是指画行中的同行,即画行中的都料、博士等。马德先生又进一步解释了"行"是被用来表示具有相同专业技能的工匠。②

姜伯勤先生还指出,画行是当时沙州地区大量壁画和肖像画制作的承担者。姜先生根据 S. 0076 号《长兴五年正月一日行首陈鲁俙牒》的记载,认为"行首"就是行会的头领,行首必须

---

① 姜伯勤. 敦煌艺术宗教与礼乐文明:敦煌心史散论. 北京:中国社会科学出版社,1996:25-26.

② 姜伯勤. 敦煌艺术宗教与礼乐文明:敦煌心史散论. 北京:中国社会科学出版社,1996:13-22;[美]胡素馨. 佛教艺术的经济制度:杂物黎、储藏室和画行. http://www. book118. com/sheke/5/sort0921/702053. html

在归义军节度使衙行走供奉。①

姜伯勤先生认为,《董保德功德颂》中的董保德以及榆林第24窟壁画题记中的金银匠都料郁迟宝令,他们都属于画行和金银行的上层,他们就是作坊中的作坊主。而敦煌文献S.5979(二)号《行首陈鲁俤牒》是后唐时934年沙州某"行首"进衙门办事的帖子,表明沙州各行赋有应官取物的性质,行首是官府和各行的联系人。②

根据姜伯勤先生的研究,作为"画行都料"的董保德就是民间画行的"行首",根据《董保德功德颂》中的"或奉上命驱荣,或承信士招携",说明他还要负责画行中工匠的组织和管理工作,同时也受命于官府。作为大量壁画和肖像画承担者的民间画行,所不同于官府画院和官府作坊的是,民间画行还为沙州僧俗中的上层人士服务,甚至也为沙州道俗的上层人士、普通民众提供绘画服务。

中国自8世纪以后,民间行会无论是在首都还是各省都非常繁荣。敦煌自中唐以来,随着寺户制度的衰落,当时沙州17座寺院内对经藏、佛像等供养具、家具、瓦器、衣物等的需求都开始依赖于民间各行。在这一时期的寺庙的账簿条目中,不同行业的工匠被称为博士的情况很普遍。③ 事实证明寺庙需要各种匠人来完成种类繁多的艺术品制作。敦煌佛寺与沙州城活跃的各

---

① 姜伯勤. 敦煌艺术宗教与礼乐文明:敦煌心史散论. 北京:中国社会科学出版社,1996:13-22.
② 姜伯勤. 唐五代敦煌寺户制度(增订版). 北京:中国人民大学出版社,2010:236-240.
③ 姜伯勤. 唐五代敦煌寺户制度(增订版). 北京:中国人民大学出版社,2010:240-242.

"行"之间的这种密切关系,极大地刺激了沙州诸"行"的私人手工业发展,打破了寺院孤立于市场之外的自然经济的封闭体制,加强了寺院经济与世俗封建经济的联系。

敦煌文献北剑98号《金银匠翟信子等状》中,借贷麦种的金银匠翟信子、曹灰子、吴神奴三人不是同一家人,他们可能是同一金银器具作坊的工匠。[1]

在雕版行业中,敦煌文献S.4644(10)号中有"师父守义"与"弟子明",这应该是归义军时期专门从事雕版的行会组织内部的师徒二人。在敦煌文献中,还出现了雕版施主与工匠题名一同雕入版中的情况,如敦煌文献S. painting249"大随求陀罗尼"版画中的"施主李知顺""王文诏雕版"出现在同一版中。另外,在敦煌文献中还见到大量曹元忠命匠人雷延美雕造版画的记载,被称为"雕版押衙雷延美",看来雷延美应该是此行会的高级工匠。[2]

可见,当时各行工匠的地位有了显著提高。这一时期的工艺技术开始走向整体的职业化,极大促进了地区经济的繁荣,沙州地区整个的手工业行业的运作也呈现出更加广阔的局面。

4)整体结构

综上所述,敦煌在曹氏归义军时期同时并存着官府画院、官府作坊、民间画行三个机构,在这三个机构内部,由"都勾当画院使""作坊使""行首"专门从事着策划、组织和控制生产等重大事务。机构内的所有工匠按都料、博士、匠、生的等级进行

---

[1] 马德.敦煌工匠史料.兰州:甘肃人民出版社,1997:28-30.
[2] 沙武田.敦煌画稿研究.北京:民族出版社,2006:108.

阶梯式管理。分属于官、私两个不同系统的管理机构和机构内的管理模式构成了曹氏画院制度的主要形式，这不仅营造了专业化和体系化的制作环境，还锤炼与维系了有组织的社会结构，甚至推广了强有力的官僚体制。同时，这一时期的画院制度对于其他类型的、大规模的生产技术的兴起无疑是有促进作用的。

虽然这三个机构共同管理和控制着当时敦煌的主要营建工作，但这些机构之间又有差别。官府画院和官府作坊是在当权者的直接控制下进行生产制作，在石窟营建工作中是起主导作用的。它们把控着重要的营建材料，经营着规模较大的项目工程，如莫高窟第98、100、108、61、454、55等巨型洞窟；它们还培养了一批从事开窟、造像、画壁画的专业人才，不仅确保了较高的质量，还促进了质量的标准化，甚至有具体的制作规格，这使得绘画和塑像呈现出统一的风格，出现了程式化的特点。同时，隶属于官府的工匠也享有更高的社会地位。

民间画行在生产制作中显得更为灵活和机动，它除了参加官府的营建工作外，还要为沙州的上层人士和普通民众服务。所以，民间画行可以更为自由和自主地进行创作，它是官府机构的有益补充。

3.1.2 僧侣工匠

在敦煌石窟的营建过程中，还有一支重要的力量，即敦煌的僧侣队伍。早在隋代第303窟中就已有记载，在其中心柱东向龛下壁上有土红色的题记："僧是大喜故书壹字画师平咄子。"虽然语义难解，但可知画师平咄子是一名和尚；盛唐第444窟窟檐经宋代重修，檐外北壁题记云："庆历六年丙戌岁十二月座□神写窟记也。""太平兴国三年戊□(寅)岁正月初三日和尚画窟三人壹氾定全。"① 这说明画窟的也是和尚。

由此可见，敦煌最晚自隋代起直至宋代，一直就有僧侣工匠队伍参加营建活动。在敦煌，僧侣参加劳动是比较普遍的事，他们除了参加农业劳动外，还要参加手工业劳动，如修造、开窟等，这使敦煌僧侣中也出现了一批有一定技能的工匠，如画匠、塑匠等。

僧侣工匠们不受官府控制，他们应该受总管各寺的教团机构的直接管理，在教团中一直就有严格的僧官体系。据日本学者竺沙雅章先生的研究，归义军时期的僧官体系为"都僧统—副僧统—都僧政—僧政—法律—判官"②，各级僧官各司其职进行严格的管理。其中，在修造司有负责修仓的僧侣工匠，而对于参与石窟营建的僧侣工匠的相关文献和研究都十分少见。

作为晚唐以来敦煌地区的最高一级的僧官河西都僧统，他们统治着敦煌数以千计的僧尼大众。他们除监督讲经，建立敦煌僧尼和寺院的指导规定等职责之外，他们在石窟营建工作中无疑起到了积极的推动作用。他们应该是僧人工匠队伍的最高领导者。

如归义军成立后的第一任河西都僧统洪䛒，他把一生的精力都集中在莫高窟的洞窟营建方面；洪䛒之后的河西都僧统翟法荣，也致力于石窟的营建工作。在敦煌文书 P. 3302v《河西都僧统宕泉建龛上梁文》中还记录了另一位河西都僧统王和尚修建窟檐的情况。据荣新江先生考证，敦煌归义军时期共计有 12 位

---

① 万庚育. 珍贵的历史资料——莫高窟供养人画像题记//敦煌研究院. 敦煌莫高窟供养人题记. 北京：文物出版社，1986：188-191.
② 荣新江. 敦煌学十八讲. 北京：北京大学出版社，2001：216-219.

都僧统,[①] 他们是仅次于归义军节度使的重要人物，对于石窟修建这样的重要的社会活动，他们无疑会承担着管理和协调的责任。

3.1.3 工匠的工价

无论是隶属于官府、寺院的工匠，又或是自由的个体手工业者，他们都共同参加敦煌石窟的营建工作。如敦煌文书CH00207《乾德四年重修北大像记》中有"……应管内外都僧统辨正大师赐钢惠、释门僧政愿启、释门僧政信力、都头知子弟虞候索幸恩……"[②]可知在曹元忠夫妇对北大像（今第96窟）下三层进行局部维修时，曹元忠指令都僧统钢惠和其他上层僧侣负责，史苇湘先生指出，该工程每天要役使306个僧俗劳力。[③] 可见，石窟的营建工作通常为僧众共同劳作，官府和寺院所属工匠可以根据需要互相派遣和役使。

在归义军时期，敦煌的佛寺多达十七座之多，[④] 官府画院、官府作坊、民间画行、僧侣工匠除莫高窟、榆林窟洞窟的营建工作外，也应该参与了这些寺院的大部分的修缮工作。如姜伯勤先生根据净土寺账目P.3234号背面《癸卯年（943）正月一日已后直岁沙弥广进面破》、同号《油破》，以及敦煌文书P.2049

---

① 马德. 敦煌莫高窟史研究. 兰州：甘肃教育出版社，1996：121-125；荣新江. 归义军史研究. 北京：北京大学出版社，2001：279-292.
② 马德. 敦煌莫高窟史研究. 兰州：甘肃教育出版社，1996：139-146.
③ 史苇湘. 敦煌历史与莫高窟艺术研究. 兰州：甘肃教育出版社，2002：124-136.
④ 荣新江. 敦煌学十八讲. 北京：北京大学出版社，2001：216-219.

背〈b〉《长兴二年（931）正月沙州净土寺直岁愿达手下诸色入破历》，及 P.4640《唐己未至辛酉年（899—901）归义军衙内破用布纸历》的记载，指出官府系统的工匠参与了净土寺的"土门"修理工程，同时还有众僧参加，更有都头及乡官主持。① 可见，当时寺庙大部分的修造工程可能都成为了公共工程，由敦煌所有的工匠集体参加。

我们根据当时寺院的各类《入破历》，还可以了解到当时工匠工价的一般情况，具体如下：

> "衙内画鼓画匠两日食面一斗、胡饼二十枚，用面二斗。（S.1366）
>
> 面两石壹斗伍升、并调灰粗面壹石、油壹胜半、粟两石叁斗、伍升卧。
>
> 酒沽酒，钟楼上灰泥看画匠、塑匠及众僧三时食用。（P.2032v）
>
> 麦肆斗，付泥匠用。又麦壹斗，买胡饼、泥匠点心。（S.5039）
>
> 塑匠调灰面一斗五升、油五升。（S.2474）
>
> 唐佑子绢一匹，付石匠刘建昌用。（S.4120）"②

可见，工匠的工价主要是役使方所提供的饮食。据郝春文先生研究，大部分为寺院做工的博士没有手工价，只是由寺院供食，领取手工价的博士只占给寺院做工博士的一小部分，作为

---

① 姜伯勤. 唐五代敦煌寺户制度（增订版）. 北京：中国人民大学出版社，2010：240-242.

② 马德. 敦煌工匠史料. 兰州：甘肃人民出版社，1997：48-67.

"匠""生"级别的工匠更是为寺院或官府无偿的劳作。即便是获得报酬的高级工匠,又常将自己的所得工价全部捐于寺院,如公元10世纪初的敦煌文书S. 3905号正面的《唐天复元年(901)金光明寺造窟上梁文》有云:①

> 马都料方□且空,绳墨不遵师难。若得多少功价,尽行布施与□。

该卷背面的《某氏兄弟造窟上梁文》也有类似的描述:

> 任博士本行柔软,执作也不说□。……能将时喧拳。王博士最是让避,性……地塑僧□天。小□东唤西应,……

该卷因残损而没有完整保存工匠的姓名。但由文献可见作为"都料""博士"的高级工匠为寺院建窟,或将所得工价捐于寺院,又或不计报酬互相谦让,这应该是一种在佛教信仰支配下的一种自觉自愿的行为。

作为个体的平民工匠,他们在为官府和寺院役使时是赚取雇价的。通常工匠工价的支付手段主要有粟、麦、豆、油、褐、番褐、布、细缏(绳索、拴)、粗缏、粗面等多种实物。姜伯勤先生指出:"在净土寺的工价支付中,有多至粟30硕者。"②

---

① 马德. 敦煌工匠史料. 兰州:甘肃人民出版社,1997:16-20.
② 姜伯勤. 唐五代敦煌寺户制度(增订版). 北京:中国人民大学出版社,2010:230-235.

3.2 壁画中反映出的画院制度

在曹氏归义军时期所开凿和重修的洞窟中,无论是洞窟形制还是壁画的构图,甚至壁画中具体人物的绘制都呈现出非常近似的标准化的趋势,这正是在画院制度下统一规划的结果。在本节中,笔者以曹议金担任节度使时期所主持营建的第98窟为出发点,通过分析其营建过程以及影响,来说明画院制度在洞窟营建过程中所发挥的作用。

3.2.1 98窟的营建

五代第98窟是曹议金担任节度使时期在莫高窟主持营建的一个巨型洞窟,由于曹议金后来冒称"托西大王",所以该窟在曹议金之后的一段时间内被其子孙及僚属们尊称为"大王窟"。从该窟本身所反映的情况和当时营建的社会历史背景看,该窟的主持营建者和总体设计者很可能就是曹议金本人。

首先,该窟的供养人画像多达200多身,画像的范围之广,为前代所未见。该窟甬道南壁画曹氏父子,北壁画姻亲张氏家族,门内主室东壁画于阗国王、皇后及侍从;北侧画回鹘公主及曹氏眷属;南、西、北壁屏风画下小身画像各一排,为曹氏节度使衙门的大小官吏,[①] 他们应该是曹氏政权的基础。在该窟营建之前,曹议金就已预设好了洞窟的供养人画像,以此来笼络人

---

① 段文杰. 敦煌晚期的莫高窟艺术//敦煌文物研究所. 中国石窟·敦煌莫高窟(第五卷). 北京:文物出版社,1987:167.

心，以求得曹氏新政权的生存和发展。

同时，由于该窟甬道男供养像高均为 2 米以上，窟内女供养人像也高近 2 米，① 俗人供养像还比佛像高大，画像内容和题记已超出了佛徒发愿供养的意义，使洞窟兼有家庙和明堂的性质。

其次，在 98 窟的营建过程中曾多次举行各种形式的庆祝、赞颂、祈愿活动（法会），而且都是曹议金亲自主持。据马德先生研究，在敦煌文书 P. 3262 和 P. 3781 中出现的"尚书"就是指曹议金，文中的"天公主""夫人"指曹议金的二位夫人，即回鹘可汗之女陇西李氏、广平宋氏，② 这也进一步说明在曹议金执政前期，他亲自主持营建莫高窟 98 窟的可能性极大。

敦煌文书 P. 3262 是 98 窟在开始营建前所举行的一次开工典礼仪式的发愿文抄件残文，部分内容如下：

"……

5. 者也。厥今初临夏节，仁王钦慕于仙岩；林树芳荣，宫人散诞

6. 于灵窟。舍珍财于全地，祈恩于大像之前；焚宝香以虔诚，燃银灯

7. 于八圣之侧。镌石室、发弘愿、与济含生，广命良工用膂力而（堑）凿

8. 者，为谁施作？时则有我 河西节度使尚书，先

---

① 沙武田. 敦煌画稿研究. 北京：民族出版社，2006：503.
② 马德. 曹氏三大窟的营建背景. http://www.cnki.net/KCMS/detail/detail.aspx? QueryID = 1&CurRec = 1&recid = &filename = DHYJ199101002&dbname = CJFD9093&dbcode = CJFQ&pr = &urlid = &yx = &v = Mjl0ODNVUkwrZlkrWnNGQ25sVmJ6QUlTWFNaTEt4RjlETXJvOUZab1I4ZVVgxTHV4WVM3RGgxVDNxVHJXTTFGGckM=

奉为神沙西裔,龙天

9. 拥护于其中,内外伽蓝,梵释恒居于净室;药叉大将,坚守四郊;八圣

10. 金刚,摧邪显正。大梁帝主,永治乾坤,愿照边陲,恩加无滞。次伏

……"①

文中的"舍珍财于全地""广命良工",说明曹议金不但是该窟的主要出资者,可能还是工匠队伍的最高组织者。文中的"拥护于其中,内外伽蓝,梵释恒居于净室;药叉大将,坚守四郊",也说明在开工之前就已有了该窟壁画布局的初步设计方案。

另一件敦煌遗书P.3781是该窟顶壁画绘画完毕后所举行的一次庆祝法会上的功德祈愿文。正如马德先生指出:"像这样为才妆绘了一部分的洞窟而举办庆祝或纪念活动的资料,在敦煌所有文献中没有发现第二例。"②只有作为敦煌最高统治者的曹议金在亲自主持营建工作时才能有这样的特殊仪式。该文书的部分内容如下:

"……

8. 珍财,发胜心而开大窟。雕镌越样,似丹露而辉鲜,石

9. 落星流,共灵花而发彩。不延暮岁,化成宝宫;

---

①② 马德. 曹氏三大窟的营建背景. http://www.cnki.net/KCMS/detail/detail.aspx? QueryID = 1&CurRec = 1&recid = &filename = DHYJ199101002&dbname = CJFD9093&dbcode = CJFQ&pr = &urlid = &yx = &v = MjI0ODNVUkwrZlkrWnNGQ25sVmJ6QUlTWFNaTEt4RjlETXJvOUZab1I4ZVgxTHV4WVM3RGgxVDNxVHJXTTFGckM =

装（妆）画上

10. 层，如同忉利。十方诸佛，模仪以毫相真身；贤劫千尊，披

11. 莲齐臻百叶；四王护法，执宝杵而摧魔；侍从龙天，赤

12. 威光而（楦）赫；焕然金色，如盛日之宝山；梵响凌空，

13. 布祥膺于碧落。是时也，寒光见逼，林树方雕，万善赳

14. 成，众福俱集，总斯多善。无限胜因，先用庄严：梵释四王，

15. 龙天八部，伏愿威光转盛，福力弥增，兴远慈悲，救人护国，使

16. 河清海晏，千年无九横之殃；夏顺秋调，万载罢三灾之难。

……"①

文中"妆画上层"即指绘制 98 窟顶壁画，"十方诸佛，模仪以毫相真身；贤劫千尊，披莲齐臻百叶；四王护法，执宝杵而摧魔"分别指十方诸佛、赴会、贤劫千佛及四角的四大天王，这些内容与 98 窟内现存窟顶壁画的绝大部分相一致。所以，庆祝法会除了具有庆祝祈愿的功能外，其实还是一种阶段性成果的展

---

① 马德. 曹氏三大窟的营建背景. http：//www. cnki. net/KCMS/detail/detail. aspx? QueryID = 1&CurRec = 1&recid = &filename = DHYJ199101002&dbname = CJFD9093&dbcode = CJFQ&pr = &urlid = &yx = &v = MjI0ODNVUkwrZlkrWnNGQ25sVmJ6Q UlTWFNaTEt4RjlETXJvOUZab1I4ZVgxTHV4WVM3RGgxVDNxVHJXTTFGckM =

示和汇报，而最高审查和检阅者正是曹议金本人。同时，在这个洞窟的营建过程中曾多次举行各种形式的庆祝、赞颂、祈愿活动（法会），说明在该窟壁画绘制的不同阶段，曹议金都定期进行审查和检阅。

营建98窟这样的巨型洞窟，往往需要很多年时间。马德先生根据敦煌文书P.2762号《河西节度使尚书镌窟发愿文》和P.3781-1号《河西节度使尚书造大窟功德祈愿文》推算出，该窟的营建时间为五代后梁贞明至后唐同光年间（915—925），98窟的总面积达220余平方米，[①] 也就是说在十年内建成了如此规模巨大的一个洞窟，可见当时工匠的营建速度之快。

自98窟起，在往后不到一百年的时间内，曹氏政权在莫高窟先后新建和重修的大窟有：143（重修）、100、108、454、22、61、55、53、96（重修）、261、146、152、130（重修）、256、76等窟。[②] 这些洞窟也都规模巨大。曹氏政权在短短的时间内要完成如此规模宏大的工程，除了要有充足的经济保障外，还必须有一支高效、专业的营建队伍，才能从根本上保障各种工作的顺利进行。

上述这些洞窟无论是在洞窟形制还是在壁画内容上，都不同程度表现出与98窟的一致性。这说明当时已经有了一批技艺纯熟的匠师进行集体制作和统一规划，因而形成这一时期独特而又统一的风格。

[①] 马德. 曹氏三大窟的营建背景. http://www.cnki.net/KCMS/detail/detail.aspx? QueryID = 1&CurRec = 1&recid = &filename = DHYJ199101002&dbname = CJFD9093&dbcode = CJFQ&pr = &urlid = &yx = &v = MjIOODNVUkwrZlkrWnNGQ25sVmJ6QUlTWFNaTEt4RjlETXJvOUZab1I4ZVgxTHV4WVM3RGgxVDNxVHJXTTFGckM = ；沙武田. 敦煌画稿研究. 北京：民族出版社，2006：503-504.

[②] 沙武田. 敦煌画稿研究. 北京：民族出版社，2006：503-504.

具体来看,这一时期的洞窟形制均为中心佛坛式,窟型略呈纵长方形,中心偏后置马蹄形佛坛,前有登道,后有背屏。这一时期的巨型洞窟基本都沿用了98窟的建筑形制。

这一时期洞窟内的壁画内容和布局也基本一致。据沙武田先生的实地调查和统计,发现这一时期洞窟壁画的内容和结构布局均与98窟相似,如100、108、61、454、55、146等窟,各窟在一种基本样式的基础上略有变化,基本样式表现为:窟顶四坡为千佛像,窟角为四大天王像;四壁绘有固定题材的经变画;四壁底层为贤愚经变诸品;甬道南北壁画供养人画像等。[1]

98窟除了在绘画内容和壁画布局上成为这一时期各窟的样本,在绘制程序和表现技法上也成为以后各窟的模本。现已被学界公认的98窟维摩诘经变壁画底稿s. painting76《维摩诘经变稿》,它不仅是98窟的壁画底稿,而且还影响了第100、108、146、61、454、5窟的维摩诘经变的绘制,这说明各窟直接以98窟为底稿样本进行绘制的可能性。

沙武田先生根据98窟内北坡各单尊佛像上的墨线判断,认为该窟北坡的千佛使用了刺孔粉本。[2] 自98窟起,归义军时期的壁画创作开始大量使用刺孔粉本,包括千佛像、说法图、经变画等,这种省时方便的刺孔粉本复制法,不仅保证了造型的准确,还大大减少了画家们作画的难度与布局的麻烦。

98窟作为曹氏政权的首任节度使的曹议金自公元914年一上台就主持营建的洞窟,它是曹氏画院的工作模式和营建标准确

---

[1] 沙武田. 敦煌画稿研究. 北京:民族出版社,2006:509.
[2] 沙武田. 敦煌画稿研究. 北京:民族出版社,2006:266.

立的最初形态。段文杰先生在讨论曹氏画院时，提出了"曹氏画院规范"一说，① 这种规范的由来应该就是以98窟为标准逐渐确立和完善起来的，标准的确立说明了工作方式的规范化，同时，在曹氏画院中这种标准具有了强势的执行力。这虽然使得五代、北宋时期所开凿的石窟呈现出独特而统一的风格，但也为以后作品的程式化和艺术的衰退埋下了伏笔。

3.2.2 故事画

归义军时期，人民对佛教信仰的多元化以及信仰上的宽松环境，使销声匿迹两百年的故事画再次出现。② 五代时期的故事画，主要以屏风画的形式处于洞窟下部，在这些屏风故事画中又以第98窟所能识别者最多，所以本小节以98窟的故事画为中心，通过与这一时期其他洞窟内的故事画作比较，来了解画工的绘画方式。

1）海神难问船人缘

绘于第98窟南壁的屏风画东起第八屏的海神难问船人缘故事画，画面简单明了，整幅画面被安排在一个长方形屏风内，画面中间部分由连续的Z形划分为左右两半（见图3-2-1），左边为陆地，右边是海洋。画面右边的情节是由上而下的五个情节，在这五个情节中船只形状、人物组合形式、海神的刻画都表现出高度的一致性。在同一画面中不同情节之间的这种高度相似性说明，画工可能使用了同一画稿进行反复复制。

---

① 姜伯勤. 敦煌艺术宗教与礼乐文明：敦煌心史散论. 北京：中国社会科学出版社，1996：36-40.

② 敦煌研究院. 敦煌石窟全集3 本生因缘故事画卷. 香港：商务印书馆（香港）有限公司，2000：5-8.

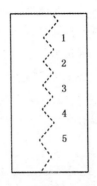

图 3-2-1　（笔者绘）

在该故事画的画面左边，故事情节呈自下而上的安排，在画面左上角的佛陀场景中，画工对佛陀的华盖、头光、背光等的描绘细致入微，甚至连供桌上的物品也一一列绘，这远远比敦煌早期故事画的表现技法高超和精湛。同样的内容和表现方法还出现在该窟北壁的阿阇世王皈佛故事画、无恼指鬘缘故事画以及象护缘故事画中。

在不同的故事画面中反复出现了同样的形象，这说明画工掌握了高效的复制技术。画工据同一画稿在预先设计好的位置依次填画完形象后，再由分工不同的画工分别进行填色和描画。这种流水线式的作业不仅保证了图像之间的相似性，还保证了每个形象相同的刻画程度。所以，画工们应该是被集体培训后所形成的高度组织化的绘画团队。画院规范中应该会要求对画样的使用。

2) 萨埵太子本生

五代第 72 窟的萨埵太子本生故事绘于西壁龛内的南、西、北屏风内,共占六扇屏风,下文选取了保存完整的第一、二、五屏来观察画工对不同屏风内画面的构图处理。

画工将单幅长方形屏风作为一个独立单元,通过大面积的山石和建筑的间插,形成了不规则的Z形构图,完成情节的布局(见图3-2-2)。画工在每屏内具体布局情节时,表现出了高度成熟的处理技巧,每屏画面更像是一幅完整的山水画,各情节之间的连接自然。

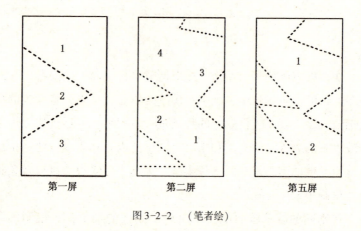

图3-2-2　(笔者绘)

该窟的几屏画面都用Z形来划分故事情节,这与上述第98窟内的海神难问船人缘及恒伽达缘故事画(南壁屏风画东起第九屏)的构图都极为相似,这种以Z形来简单划分情节的方式可能是当时故事画的一种布局格式或规范。

这不同于敦煌早期的故事画,敦煌早期故事画构图多样而富于变化,如北魏第257窟的两幅横幅式故事画,画工分别采用了顺序式和向心式构图。同时,画工又总能因地制宜地进行创新变化,如北周第428窟的萨埵太子本生故事的S形构图,画面中的故事场景大小不一，人物形象多样，画面内容丰富。画工在一个没有具体规定和要求的相对自由的创作环境中，绘制工作没有明确的要求和分工，不同水准的画工通过简单的分工来完成故事画的绘制，所以画面中既有绘制精彩的马匹，又有直接起笔的粗疏人物。

在五代时期的故事画中，如在上述72窟中，从戴通天冠的国王、梳双髻的王后、戴太子冠的王子，到戴幞头的官吏，人物刻画细致和准确。这是基于集体行动、分工负责、流水作业的基本工作模式之上的，所以，这一时期的所有绘画都呈现出统一的面貌。

3.2.3 人物尊像画

榆林窟第32窟东壁南侧绘有文殊图，东壁北侧绘有普贤图，在这两幅不同主题的巨幅经变中，人物形象、画面结构、色彩运用、绘制技法等诸方面都表现出高度的相似性。美国学者胡素馨女士认为该窟的牢度叉斗圣中，壁画主题和人物亦均表现出标准化趋势。段文杰先生也指出，这一时期的各种经变画已形成固定格式，并且公式化严重。① 这些不同主题的壁画之间的相似性、标准化、公式化只有通过高度组织性的专门机构才能实现。

在供养菩萨像中这种标准化表现得更为明显。如五代、宋榆林第17窟前室西壁北侧的宝池莲华供养菩萨像，菩萨均为同一个造型，色彩笔法等也高度一致。这说明画工掌握了一种高效的

---

① ［美］胡素馨. 佛教艺术的经济制度：杂物黎、储藏室和画行. http://www.book118.com/sheke/5/sort0921/702053.html；段文杰. 敦煌晚期的莫高窟艺术//敦煌文物研究所. 中国石窟·敦煌莫高窟（第五卷）. 北京：文物出版社，1987：167.

复制技术，可以有效而精确地成套复制肖像，从而使这些绘画内容几乎完全一样。

这种高效的复制技术在这一时期应该是被普遍使用的。如五代第6窟西壁龛内南侧的四身菩萨和四身龙天八部像，仔细观察就会发现尽管人物着装和姿态略有差异，但是人物的身高比例、笔法线条、设色方法、面部神态等方面都表现出高度的相似性。画工可能是在集体培训后，使用了同样的绘制方法。

如果说在创作同一个人物时这种相似性是不可避免的，那么在绘制不同人物形象时这种高度相似性则说明，这是画工统一规划和集体培训后的结果。比如五代第36窟南壁的文殊变，笔者发现，在画面中面部朝向相同的四身菩萨像和画面底部的帝王像具有相似的面部特征，笔者将这四身菩萨和帝王的头像剪切下来（如图3-2-3），再经过处理后，分别将这些头像变换正负投影和改变透明度后，再将之叠加后形成了图。在将五身头像一一透叠后笔者发现，这五身头像几乎能够完全重叠（如图3-2-4）。

在不同人物肖像中的这种相似性说明画工的工作是建立在专业化基础上的，画工是专为某项具体的工作而被培训的；在绘制过程中，画稿和主要负责人是相对固定的如果绘画是在同一时间进行，它们自然就会有相似的特点、比例和用色。这种流水线式一次性成套制作的技术不仅保证了高效的复制，还提高了绘画速度。画工只是通过添加一些细部的装饰来区分出不同的人物形象，如在帝王头像中添加胡须。

佛教中的这些佛像、菩萨和天王等通常都有着具体的规定。而画工在描绘世俗人物时则更加自由和随意，如供养人画像。敦

剪切壁画中面部朝向相同的五身人物头像

图3-2-3（笔者制作）

将图进行正负透叠　　**五张人物头像透叠在一起后的效果**

图3-2-4（笔者制作）

煌早期的供养人画像描绘得简单，如北魏第263窟东壁北侧的供养比丘，人物形态各异，这应是画工逐一绘制完成的。而到了曹氏画院时期，这种流水线式一次性成套制作的复制技术也运用到了供养人画像中。

纵观曹氏诸窟中的供养人像，大多千人一面，通常男供养人画像一般都头戴展脚幞头，着襕袍，腰系革带，穿乌靴，手持笏；汉族女供养人画像一般都高髻华钗、面饰花钿、大袖裙襦、画帔、云头履，[①] 而且画像均按尊卑长幼排行列次和确定形象的大小。

从敦煌遗书中存在的许多写真赞、邈真赞中也可以看出，在

---

① 段文杰. 敦煌晚期的莫高窟艺术//敦煌文物研究所. 中国石窟·敦煌莫高窟（第五卷）. 北京：文物出版社，1987：168.

五代、宋时期敦煌人物画像兴盛,这也说明在曹氏画院中拥有一批擅长画人物的画工。这一大批人物画像的出现只有通过集体培训的画工才能实现。这种集体培训的方式又削弱了工匠们的创造力,画工只记方法和诀窍,只画画院所认可的艺术样式,艺术创作成为他们的定量工作。这使艺术形式变得贫瘠和标准化,缺乏内在的生命力。

到了宋代晚期程式化的表现更加突出,满壁的千佛、供养菩萨完全一致,画工的工作似乎只是为填满墙面而进行绘制。到了西夏时期,壁画内容和绘制方法仍然继承曹氏画院规范,如西夏第 328 窟东壁北侧的供养菩萨像。高度相似的形象说明,这种高效的复制技术仍然被沿用。

五代、北宋时期的曹氏画院,大约延续了百余年,一度兴盛,在曹元忠任节度使之后日趋衰落。[①] 曹氏政权下的画院制度强而有力地保障了这一时期浩繁而重大的营建工作,在劳动力组织、分工、质量控制、系列化加工等方面都形成更加规范化的组织模式,甚至还提出了具体的制作规格。这种政府强势介入所形成的标准化在提高洞窟营建效率的同时也加剧了石窟艺术的衰退。

曹氏画院制度还培养了一批从事开窟、造像、画壁画的专业人才。这不仅确保了绘画的高质量,还形成了具有地域文化特色的工作方法和工艺体系;但同时又使工匠陷入一种模式化的制作过程,失去了创作的主动性与自由度,最终导致了石窟创作艺术的僵化。

---

① 段文杰. 敦煌晚期的莫高窟艺术//敦煌文物研究所. 中国石窟·敦煌莫高窟(第五卷). 北京:文物出版社,1987:161-170.

4 法度别裁——设计制度视角下的设计实践

石窟壁画试图通过图像传达教义，通过艺术形象感染观者。所以相对于墓室壁画而言，石窟壁画供人瞻仰的时间更长，实际的表达效果要求亦更严整精密，因此在绘制程序和方法上亦有着更加严格的规范和要求，在精美的敦煌壁画中能很明确地感受这一点。笔者从设计制度的视角来审视壁画图像，不难看出工匠们是依据不同形式来规划和调整图像，这体现出了工匠对于洞窟的整体处理方案。这是工匠的一种主动的设计意识的反映。

4.1 敦煌壁画中的辅助线

笔者立足于图像观察，并参照魏晋南北朝考古和历史研究成果，试图对画工在绘壁画之前所使用的不同形式、不同作用的辅助线进行归类，通过分析这些辅助线的存在方式，来推测当时画工如何对洞窟进行整体规划和具体绘制；其次，通过复原千佛图像和说法图中主尊佛像的辅助线，来推知画工如何借助于辅助线来完成标准格式的佛像绘制；最后以早期壁画中的故事画为例，观察画工对故事画形式关系的尝试和探索。

4.1.1 敦煌尊像画中的辅助线研究

敦煌自公元 5 世纪开创石窟以来，佛教尊像画就是各时期壁画表现的首要题材。它历经了敦煌石窟发展的各个时期，并在继承发展的基础上不断完善，形成了庞大的尊像画系统。它较之于佛教故事画、经变画等，具有形式简约、内容单纯的特点。

在敦煌北朝时期的尊像画中，数量最多的是千佛图像，它所占壁面面积最大，几乎各窟内都有绘制；而那些画幅巨大的各类说法图，同样也是这一时期重要的表现内容。

本节将以敦煌北朝时期的千佛图像和说法图佛像为观察对象，对画工在绘壁画之前所使用的不同形式、不同作用的辅助线痕迹进行复原和归类，推测画工如何借助辅助线来完成标准格式的佛像绘制，进而形成规范和典范并最终使佛像的绘制方法趋于模式化和制度化。

1）千佛

关于敦煌北朝时期石窟的千佛定名以及千佛图像所依据的佛名经典等问题，国内外学术界长期存在着不同的说法。为了运用方便，本文统称为"千佛"。敦煌北朝时期的千佛图像，开始多绘于洞窟四壁，在北周时，千佛图像渐由四壁向窟顶四坡发展。

笔者通过对洞窟的实地考察和对画册的反复观察，发现各窟千佛图像布局严密，在千佛之间及单身佛像身上都残留着数条朱红色线条。画工很可能是依据一整套严密的辅助线来完成千佛绘制的。

4 法度别裁——设计制度视角下的设计实践

（1）辅助线结构复原

首先，在成行的千佛间都有条白色水平线，如北魏第263南壁和东壁的千佛，画工应该是借此来确定每行佛像间的行间距。

同时，在几乎所有洞窟的每身千佛像的中轴线位置上，都有一条朱红色线，画工应该借此来确定每列佛像间的列间距，并以此来调整单身佛像的左右对称关系。

其次，在诸多洞窟中的千佛佛像的头光、身光、颈部、领口等位置都有两至三条等距水平排列的朱红色线条。在北凉第272窟北壁上层、北魏第259窟西壁、北魏第251窟南壁中，佛像的头光、身光位置有两条朱红色线呈图4-1-a1的排列结构；在北魏第251窟南壁上部、北周第461窟窟顶，佛像的头光，佛像头部、颈部位置有三条朱红色线呈图4-1-a2的排列结构；在北魏第435窟北壁、北周第290窟南壁前部，佛像头部、颈部、领口位置有三条朱红色线呈图4-1-a3的排列结构。

在北魏第257窟北壁和南壁的千佛中，佛像头部、手部、莲座位置有四条呈图4-1-a4或六条呈图4-1-a5排列的结构线，它们之间不是等间距的。笔者将上述所有这些线迹合并后形成图4-1-a6，其排列结构与隋第401窟千佛中线迹（见图4-1-a7）的排列结构相一致。

图4-1-a1　　图4-1-a2　　图4-1-a3　　图4-1-a4（笔者绘）

图 4-1-a5　　　　　图 4-1-a6　辅助线合并　　　图 4-1-a7　隋第401窟
　　　　　　　　　　　　　　　　　　　　　　　　　　　（笔者绘）

另外，在北魏第257窟南、北壁说法图中都残留有数条水平排列的朱红色线（见图4-1-1、图4-1-2），笔者将它们分别进行描摹后形成图4-1-b1和图4-1-a8。在图4-1-b1中的线条正好与说法图周围千佛的头光、头顶、颈部、领口、手部、莲座等位置相对应。

图 4-1-1　北魏257窟南壁　　　　　图 4-1-b1　第257窟南壁

图 4-1-2　第257窟北壁　　　　　图 4-1-a8　第257窟南壁

（图4-1-1、图4-1-2采自敦煌文物研究所. 中国石窟·敦煌莫高窟（第一卷）. 北京：文物出版社，1987：图40、图41；图4-1-b1、图4-1-a8为笔者绘）

马玉华女士曾对北魏第251窟南、北壁说法图中的色线进行研究，马女士指出，这些线条"不是用来为这幅佛像身体的上下宽度作比例线用的，而是在全窟、整壁划分千佛的位置及比例关系时留下来的痕迹……画师们为了画线方便而没有绕开说法图。在佛像身上的红色横线不是规范佛像的比例线，而是千佛像的位置比例线"[①]。

在马女士文章附图中的这些辅助线，主要是用来确定千佛的头光顶、头顶、眼部、下颌、领口、手上和手下、腿下等位置。可见在第257、251窟说法图中的线条是画工在绘制千佛时留下来的辅助线。

笔者将第257窟北壁的描摹线（如图4-1-a8），进行上下左右延展后得到一张网状比列格（如图4-1-a9）。笔者依据上述图4-1-a6中对千佛关键位置的定点，在这个网格内依次添画佛像，最终形成了一幅和石窟壁画一致的千佛图像（如图4-1-a10）。据此可见画工应该是在具体绘制之前先通壁绘制了网格辅助线。

值得注意的是，在壁画中还有另外一套结构简单的辅助线，如西魏第249窟南壁和北周西千佛洞第8窟前室东北角，千佛身上都有四或五条水平排列的朱红色线条，画工以此来确定佛像的基本姿态和比例关系。这种结构在隋第405窟窟顶的千佛图像中仍能见到。

[①] 马玉华. 敦煌北凉北魏时期石窟壁画的制作//敦煌研究院，中国石窟保护研究基金会. 敦煌壁画艺术继承与创新国际学术研讨会. 上海：上海辞书出版社，2007：122.

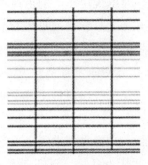 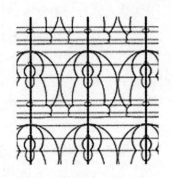

图 4-1-a9　辅助线的延展　　　　图 4-1-a10　（笔者绘）

由此可知，画工在绘制千佛时至少有两套辅助线，只是它们的结构详略不同。画工正是在这样一种成套的、完整严密的辅助线的帮助下，才使得千佛图像的尺寸和形态基本一致，最终使画面呈现出严密的秩序感。

关晋文女士在调查了早期 15 个洞窟后指出：

"各窟各壁千佛排列行数多少不一，但画像基本保持在 20 厘米之间，应是当时的一种规范尺寸。"[1]

梁晓鹏先生在《敦煌莫高窟千佛图像研究》一书中指出：

"北朝和隋代的千佛大多数介于 8 厘米 × 14 厘米（隋 401 窟）至 16 厘米 × 33 厘米（北魏第 251 窟）之间。"[2]

---

[1] 关晋文. 敦煌石窟早期壁画绘制方法小议//敦煌研究院，中国石窟保护研究基金会. 敦煌壁画艺术继承与创新国际学术研讨会. 上海：上海辞书出版社，2007：115-119.

[2] 梁晓鹏. 敦煌莫高窟千佛图像研究. 北京：民族出版社，2006：111.

这说明，画工应该会根据洞窟的具体面积和自己的绘制经验，灵活应用不同结构的辅助线，通过辅助线来确定出佛像的基本尺寸和间隔距离。所以不同洞窟中的千佛图像虽然不是完全相同，但它们又在一个大致相近的范围内发生变化。

（2）绘制步骤推测

首先，画工借用当时普遍使用的墨斗取直法，[①] 用朱红色线弹出数条纵横相交的长直线，以此来确定千佛的基本尺寸，并对佛像的头光、身光、头部、颈部、肩部、手部、莲座等关键位置定点。

其次，画工直接用笔勾出佛像的基本轮廓。早期千佛基本都是小字脸，耳染三点，手染三道，手作禅定印手，这说明画工多是依据经验而直接进行简单绘制。

再次，进行敷彩。段文杰先生指出，在早期一些壁画的白地上，可以看到敷彩前——注明颜色的符号。[②] 可见，千佛所呈现的丰富视觉效果，是画工通过事先细微周密的设计来达到的。千佛通常以四身或八身为一组，每组都是通过变换头光、身光和服装的颜色后，再交替循环排列，形成了"佛佛相次，光光相接"的意境。

最后，画工再用规、矩等工具，对佛像的头光、身光进行矫正和细节描绘，并完成榜题的题写（如图4-1-a11）。萧默先生

[①] 马玉华. 敦煌北凉北魏时期石窟壁画的制作//敦煌研究院，中国石窟保护研究基金会. 敦煌壁画艺术继承与创新国际学术研讨会. 上海：上海辞书出版社，2007：122.

[②] 段文杰. 敦煌石窟艺术研究. 兰州：甘肃人民出版社，2007：191-200.

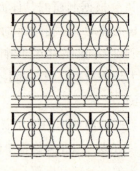

图 4-1-a11　（笔者绘）

曾对规、矩在石窟营建和壁画制作中的应用有过详细的分析,①故本书不再赘述。

2）主尊佛像

敦煌北朝时期的主尊佛像主要出现在以佛为主体的各类说法图中，其中表现最普遍、延续时间最长的是释迦说法图，它几乎贯彻各个时期。说法图中除释迦牟尼佛外，还主要有无量寿佛、药师佛、弥勒佛和弥勒菩萨等说法图和说法像。唐代，随着经变画日益成熟和定型，独立成幅的尊像画日益减少。②

北朝时期的说法图多绘于洞窟南北正壁，南壁和北壁的前部，西壁等位置。说法图的构图简单，它们既独自成幅，又与其他主题的壁画彼此关联呼应，共同构成一个相对完整的佛国世界。到了北魏后期和北周，说法图中的菩萨和飞天的数量、体型等都发生变化，但主尊佛像的变化较小。

---

①　萧默. 敦煌建筑研究. 北京：机械工业出版社，2002：247-253.
②　敦煌研究院. 敦煌石窟全集 2　尊像画卷. 香港：商务印书馆（香港）有限公司，2000：5-8.

早期说法图中的主尊佛像通常着右袒式袈裟或通肩式袈裟,多为结跏趺坐,间有交脚坐,也有少量的立姿。段文杰先生指出,壁画中佛像以正面来表现,菩萨以半侧面来表现。① 关晋文女士在调查了早期15个洞窟中的十三铺说法图佛像后指出:

> "坐佛一般从高髻到莲座之高是六个头高,立佛从发髻至莲座之高也是六个头左右,同一窟相对的两个说法图佛像高度相差仅百分之一厘米的误差,不同洞窟相同佛像也只相差百分之一厘米,说明当时在佛像绘制方面有相应的制度……"②

可见,对于佛像的绘制,确实存在着较为固定的样式和绘制要求。

在各窟说法图中最常见的,是一条贯穿主尊佛像的朱红色垂直中线,在隋代说法图中还能看到这条中线。③ 它应该是画工绘制佛像时的中轴对称辅助线,画工以此来调整佛像的左右对称关系。

在说法图中残留数量最多的是数条横向水平排列的朱红色线迹,本文上节已指出北魏第251、257窟说法图中的朱红色线是

---

① 段文杰. 早期的莫高窟艺术//敦煌文物研究所. 中国石窟·敦煌莫高窟(第一卷). 北京: 文物出版社, 1987: 173-184.

② 关晋文. 敦煌石窟早期壁画绘制方法小议//敦煌研究院. 敦煌壁画艺术继承与创新国际学术研讨会. 中国石窟保护研究基金会. 上海: 上海辞书出版社, 2007: 115-119.

③ 如北凉第272窟北壁中部的主尊佛像,北魏第251窟南壁东侧和北壁东侧、西侧的主尊佛像,都有一条朱红色垂直中线。在隋301窟南壁、隋314窟东壁北侧的主尊佛像上还有一条朱红色垂直中线。

用来绘制千佛的。笔者观察到，在北魏、西魏的大部分洞窟的说法图中也有类似线迹，而且这些说法图周围也都环绕千佛。[①] 那么，这些辅助线仅为了绘制千佛而存在吗？

向达先生认为，不论是绘制千佛还是佛像，画工都用了比例格：

> "莫高窟魏、隋诸窟彩色剥落以后，往往露出用红土所绘之粗样，其贤劫千佛像及释迦像粗样大都有用红土画成之比例格，如P116bis/C238号窟即其一例。"[②]

笔者通过描摹早期六幅说法图中残留的线迹，发现这些线条都与主尊佛像的绘制相关，其排列结构又有着某种内在的规定性。具体如下：

首先，笔者描摹了北魏第251窟北壁西侧说法图中的线迹，描摹图中的部分线迹如图4-1-b2，它们与说法图佛像的背光、身光、头光的顶部以及佛像的螺髻、手肘、腰际等位置对应。笔者在马玉华女士还原的该窟南壁千佛辅助线图中发现，它们部分也与该壁说法图中主尊佛像的头光、眼部、肩部、腰际、莲座等位置对应。[③]

[①] 如北魏第263窟北壁西侧和南壁，北魏第260窟北壁和南壁前部，北魏第435窟北壁前部，西魏第249窟北壁和南壁等说法图的周围都密布千佛图像。在隋第405窟、隋第301窟南壁的说法图的周围都密布千佛图像。

[②] 向达. 唐代长安与西域文明. 石家庄：河北教育出版社，2007.

[③] 马玉华. 敦煌北凉北魏时期石窟壁画的制作//敦煌研究院. 敦煌壁画艺术继承与创新国际学术研讨会. 中国石窟保护研究基金会. 上海：上海辞书出版社，2007：122.

4 法度别裁——设计制度视角下的设计实践   117

图4-1-b2　第251窟（笔者绘）　　图4-1-b3　第257窟（笔者绘）

其次，笔者描摹了北魏第257窟南壁说法图中的线迹，描摹图中的部分线迹如图4-1-b3，它们与佛像的螺髻、发际、下颌、手肘、脚踝、足底、莲座等位置对应。值得注意的是，在佛像双脚和衣裙底摆上的朱红色线迹，笔者将其延长后发现它们并不与千佛辅助线吻合。如此看来，它们并不是用来绘制千佛而是用来绘制主尊佛像时残留下来的。

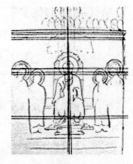

图4-1-b4　隋第405窟说法图（笔者绘）

另外，在北魏第435窟西壁主尊佛像的头光位置残留有四条朱红色线迹，它们分别与佛像的宝冠、发际线、耳部等位置相对应。笔者描摹了隋第405窟说法图中的线迹。在描摹图4-1-b4中，佛像背光位置的三条横向排列的朱红色线，分别与佛像的眼、鼻、下颌位置相对应；而三条纵向朱红色线，既不是平行排列，也不与鼻、嘴的宽度对应。笔者推测，最左边的一条应该是绘制佛像用的中轴线，其余的两条或许与说法图上部的千佛绘制有关。

笔者将上述所有描摹过的说法图和主尊佛像中残留的线迹进行合并，得到图4-1-b5，这些线条分别与佛像的头光、背光、身光的顶端以及佛像的螺髻、发际线、下颌、颈部、手肘、膝部等位置对应。可见，当时的画工很可能也借用了部分千佛辅助线，确定出主尊佛像的关键位置，之后画工再依照佛经规定对佛像进行具体描绘。

笔者从第257、251窟的描摹图中还发现，说法图中的化生、飞天、菩萨的头部、腰部等位置也与千佛辅助线对应（如图4-1-b1、图4-1-b2、图4-1-b3），画工应该还是借助千佛辅助线确定出化生、飞天、菩萨等的大致位置和基本尺寸，并以此来调整对称关系等。特别是西魏第249窟南壁和北壁的说法图，其画面结构、佛像大小、表现技法等高度相似，画工应该是在同一套辅助线的基础上才能完成如此对称的布局和绘制。

清乾隆时西番学总管漠北工布查布译《佛说造像量度经》一书中有关于"自发至足"各部分之比例叙述，即："绘制佛像者以自手指为度量单位，十二指曰一搩，全身纵长横广各分为十搩。"在该书附图中，用来确定佛像的螺髻、发际、下颌、颈、胸、肘、膝等位置的辅助线，与上述合并图4-1-b4辅助线的作用和结构都极为相似。同时，在该书另一附图中，用来确定立式佛像足底位置的辅助线，与敦煌第249窟南北壁说法图中立式佛像相应位置所残留的线迹相似，它们也应该是画工用来确定佛像足底位置而留下的。

图4-1-b5 合并辅助线（笔者绘）

在隋第390窟东壁说法图主尊佛像的头光位置，残留有两条朱红色线迹，它们分别与佛像的发际线和下颌相切，但是在该说法图四周已没有千佛，只有横向排列的数组说法图。

笔者推测，画工对经常绘制的题材烂熟于心后，对绘制程序和方法逐渐形成程式化的套路，可能这种辅助线的结构形式在以后的佛像绘制中不断地完善，逐渐形成一般佛像绘制的比例格，以示其制作规范。这种图像绘制模式不断流传和完善，从而塑造了绘制佛像的职业传统，并对后代产生深远影响。

4.1.2 敦煌故事画的构图研究

在敦煌石窟中，本生、因缘故事画主要绘于早期的北凉、北魏、西魏、北周、隋和晚唐、五代洞窟中。按现存所能识别的画面，共涉及五十三个故事、一百二十四幅画。[①]

敦煌早期故事画的题材，主要选取佛典中一些义理不复杂、适于修禅观像的内容，画工在具体绘制时，通常根据自己的生活体验、审美经验对佛经与经论里简略的故事大加发挥，因地制宜地创造了许多新的构图形式和表现手法，使得故事画呈现出丰富多彩的样式。

从故事画的情节布局上来看，在北凉、北魏时期，故事画由单情节向多情节、由单幅式向横幅式构图发展；到了西魏、北周时期，故事画的数量和题材都明显增加，故事画在横幅式构图的基础上，又开始出现了充分利用壁面空间的 S 形、W 形和凹形等

---

① 敦煌研究院. 敦煌石窟全集 3 本生因缘故事画卷. 香港：商务印书馆（香港）有限公司，2000：6.

构图方式。

　　本节选取北凉、北魏、西魏、北周时期敦煌壁画中保存较完整的、在同类题材中具有代表性的故事画，以画面中所表现的地点、时间、情节为视点，来归纳早期故事画构图的演进规律，分析当时画工的绘制程序和工作方式。同时，笔者还联系河西地区的墓室壁画，希望通过相对宏观的区域性艺术视角，建立起我们对该地区工匠传统特色的整体认识。

　　1）故事画边框

　　敦煌早期的故事画多绘于窟内主室南北壁或东西壁等显著位置，到了北周时期，故事画大多移至窟顶。之所以会有如此变化，目前学界说法不一，高田修先生和李崇峰先生都有过专门讨论，本文不再赘述。[①] 从隋代开始，故事画被挤到人字坡和中心柱腰沿等不起眼的位置，其受重视程度逐渐下降。

　　敦煌早期的故事画在窟内的位置不同，其表现形式也各不相同，但它们又基本在一个长方形区域内进行变化。长方形边框即成为故事画画框，它界定出故事画区域，形成一个封闭的、自成系统的空间，画工根据墙面的使用情况来灵活调整画框的大小。

　　故事画画框主要由细色线、窄色带（土红色为主，间有白色）、带状装饰图案等几种形式构成，它们或独自成框，或不同

[①] 佛教故事画与敦煌壁画//［日］高田修. 中国石窟·敦煌莫高窟（第二卷）. 北京：文物出版社，1984：208；李崇峰. 佛教考古：从印度到中国. 上海：上海古籍出版社，2014：424-425.

形式间互相组合。①

敦煌部分故事画的画幅非常巨大,如西魏第285窟据《大般涅槃经·梵行品》绘制的五百强盗成佛缘,画面长约500厘米,高100厘米左右;② 北周第290窟窟顶的微妙比丘尼缘品,画面长312厘米,高42厘米。在这样大的壁面上,画工如何完成画框的绘制是一个值得关注的问题。

在北周第428窟东壁南北两侧的故事画中,有几条边缘不光滑的土红色线,这些线条的周围有很多毛刺及喷溅的色点,它们应该是工匠拉弹色线所造成的,关晋文与马玉华对这种方法都有过专门讨论。③ 可见,画工在绘制故事画前,先通壁弹画色线,确定出故事画画框的基本尺寸,之后,画工以线当尺来分别绘制色线、色带、带状装饰图案等,并将这条土红色辅助线覆盖起来。

---

① 由细色线组成的画框,如北凉第275北壁、南壁中层下部(供养人与故事画);北魏第254窟北壁、南壁中层的故事画之间以及故事画与周围上、左、右的千佛之间;北魏第254窟南壁中层的故事画四周;北魏第263南壁前部的故事画与上中下千佛之间,都有一条白色或土红色细线条;由带状图案组成的画框,如北凉第275窟北壁和南壁中层的故事画的上部;北魏第254窟北壁、南壁中层的故事画下部(牢度叉与故事画之间);北魏第257窟南壁、西壁、北壁中层的故事画下部,都有带状装饰图案作为故事画边框;独自成框的,如北周第290窟人字坡顶故事画,用土红色色带框出故事画的边框;不同形式间相互组合的画框,如北魏第257窟南壁、西壁、北壁中层的故事画上部;北魏第263窟南壁下部在故事画与供养人之间都有一条土红色的分割带。

② 敦煌研究院. 敦煌石窟全集3 本生因缘故事画卷. 香港:商务印书馆(香港)有限公司,2000:90.

③ 关晋文. 敦煌石窟早期壁画绘制方法小议:115-119;马玉华. 敦煌北凉北魏时期石窟壁画的制作:122,敦煌研究院//中国石窟保护研究基金会. 敦煌壁画艺术继承与创新国际学术研讨会. 上海:上海辞书出版社,2007:115-119.

这种方法在早期洞窟的营建和壁画的绘制中都得到了广泛的应用,如北魏第256窟窟顶壁画层剥落后,显露出土红色的中心线,这应当是开凿石窟时用来划分墙面的印记;又如西魏第285窟窟顶东坡底部,画工依土红色线绘制出山石。画工在故事画内对情节进行布局时也运用了此法,详见本文第三部分。

2) 单幅式构图故事画

在北魏第254窟南壁、北壁中层和北魏第263窟南壁前部中层,单幅故事画之间均有白色细线,它们既是不同故事的分界线,也是单幅故事画的画框。单幅故事画的构图形式是沿用印度和中国新疆石窟中常用的构图形式,画工将不同时间、不同情节的画面组织在一起。这种方式所形成的画面满而密,观者不容易看见白色细线所形成的画框,以至于看不清故事的来龙去脉。同时,观者也很容易将相邻的不同故事画相混淆。

关于白色细线画框的绘制,林徽因在《敦煌边饰图案初步研究》中指出:"北魏至隋的洞窟中,在装饰上使用白粉描线和打小点子等手法……这种白粉线的应用同库车附近各窟中的画壁上的很近似,白粉很显明的是当时龟兹伊兰语系民族索格特的画工所常用的画料。"[1] 看来早期的敦煌故事画创作还在袭用西域的表现技法。

显然,这种西域式的构图和技法都远不能满足新课题的要求,所以在很大程度上,早期敦煌的画工们仍需独辟蹊径,寻找故事画的新的表现形式。在河西魏晋壁画墓中,部分壁画为横幅

---

[1] 林徽因. 敦煌边饰图案初步研究. 常沙娜. 中国敦煌历代装饰图案. 北京:清华大学出版社,2004:11.

式构图,这种形式可能直接影响了敦煌北凉和北魏早期的故事画构图。段文杰先生也认为敦煌故事画的横卷式构图是在汉晋传统基础上的发展。①

河西魏晋壁画墓的年代大致在 3 世纪中叶至 5 世纪中叶,正当敦煌的北凉和北魏前期。在酒泉丁家闸 5 号墓、敦煌佛爷庙湾墓的壁画中,画工在砖墙上加抹泥皮后,由下而上分为三层通栏绘制壁画,形成了横幅式构图。在敦煌北凉第 275 窟的五幅故事画中,画工将不同的五个故事放置在一横条平面内进行绘制。

具体来看,北凉第 275 窟北壁西起依次绘有毗楞竭梨王、虔阇尼婆梨王、尸毗王、月光王施头和快目王施眼等故事(但快目王本生故事画面已残,未入画册)。五幅故事画中的主要人物尺寸相近,姿态相似(多为游戏坐、盘坐),他们两两相对或相背地作等间隔排列。在每幅故事画中的其他外道或修行者的数量基本相等,他们身材矮小,对称排列,形成图 4-1-2-a 的基本结构。

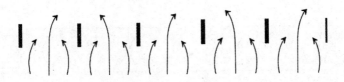

图 4-1-2-a （笔者绘）

画工应该是在一条横幅平面上设计出五幅故事的基本构图,再依佛经进行具体描画。这是画工对以往单幅式故事画的首次改

---

① 段文杰. 敦煌石窟艺术研究. 兰州:甘肃人民出版社,2007:191-200.

造，画工将五个不同的单幅画面放置在同一横条平面上，形成单幅连续式构图，这初步显露出横幅式故事画的雏形。

敦煌故事画在大量地采用横幅式构图之前还有一种形式，如北魏第257窟北壁中层的须摩提女因缘故事画，11个情节中的人物形态和尺寸一致，并呈等间距排列（见图4-1-2-b2），画工可能是重复使用了同一画稿，通过改变人物服饰和场景来营造变化。

这种将同一形象反复使用的手法，是对单幅连续式构图的沿用，同时还满足了早期坐禅观像的要求。这种形式所呈现出来的艺术效果相对于墓室壁画来讲，更加严整和精密。在该窟西壁的画面中，画工主要通过建筑和人物朝向来划分情节（见图4-1-2-b1），画面丰富而生动。

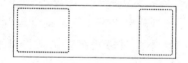

图4-1-2-b1　（笔者绘）

图4-1-2-b2　（笔者绘）

3）横幅式构图故事画

从北魏开始，敦煌故事画基本都采用了横幅式构图，横幅式构图故事画的表现形式又各不相同，即便是在同一窟内，画工对故事画构图的处理也不守成规、富于变化，如北魏第257窟的两幅横幅式故事画，画工分别采用了顺序式和向心式构图。

具体来看，北魏第257窟的沙弥守戒自杀缘，采用了横幅连续式构图绘制在该窟南壁，画面左起有两个顶部皆为椭圆形的山丘分割画面，形成了情节1和2（沙弥受戒、遵师命外出取布施）；画面的后半部分用两座建筑物分割，形成了后4个故事情节，如图4-1-2-c。

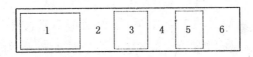

图4-1-2-c （笔者绘）

该窟西壁是莫高窟唯一一幅九色鹿本生故事画，该故事画采用横幅向心式构图，将故事的高潮部分绘于画幅的中部，由左右两端的两个情节向中央聚集，如图4-1-2-d，画面左起的斜向溪流形成情节1（九色鹿救溺人），画面右起的房屋形成情节3（王后要国王取鹿皮和角），画面中部由斜向排列的山石划分出情节2、5、4。画工绘制了黑色和蓝色的两匹骏马来突出情节5。

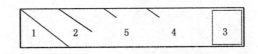

图4-1-2-d （笔者绘）

在该窟的这两幅故事画中，画工不重视现实逻辑，只择取一些他所需要的形象来示意事件发生的场景。在此基础上，画工充分发挥想象力，作出了挥洒自如的主观处理，如图中蓝色、绿色的骏马。可见，画工在接触佛教题材之初，主要的目的是清晰地表现出故事情节,而对透视和技巧的兴趣不高。

从西魏、北周开始,画工开始探索写实技法。以西魏第285窟的五百强盗成佛缘故事画为代表,该故事画在构图、形象塑造、环境配置以及艺术表达等方面,都达到了早期故事画的最高水平,故事画的表现开始走向成熟。

该故事画采用横幅连续式构图,画面中以5人代表五百贼,故事情节从东到西共7个情节。画面前半部分表现"征剿、行刑",画工通过人物组合、建筑、山石来划分情节,如图4-1-2-e中所示,画面左起,斜向排列的官兵和对应排列的五百强盗形成情节1和2。宫殿形成情节3。画面后半部分表现"强盗皈依",画工通过斜排山石形成情节4,成组斜排的五百强盗与正立的主尊佛像构成三角形5、6,在这个区域内完成具体情节的绘制。

从画面中可以看出,画工注重同一人物在不同情况下的不同表现,增强了故事的感染力。画工还依据事件发生、情节发展、人物遭遇等来变换使用人物、山石、树木、屋宇等,达到了在小尺度的范围内包罗万象的目的。

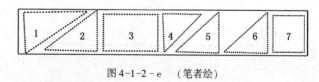

图4-1-2-e　(笔者绘)

4)S形构图故事画

在北周和隋代洞窟中共有7幅萨埵太子本生故事,其中6幅都采用了横幅式构图,而北周第428窟却采用了S形构图法,这是画工对以往故事画形式关系的新探索。这种新形式不仅形成了敦煌故事画构图的典范，而且还成为当时的流行格式，并对以后故事画构图产生重要影响。自此画工开始了充分利用壁面的自主创作，如北周以后出现的 W 形、凹形等构图形式。

北周第 428 窟东壁门南和门北的两幅故事画都采用了 S 形构图法，画工为了绘制更多的情节，对横幅式构图进行了变通处理。画工将长方形区域划分为上中下三层，故事情节从最上层开始，首尾相接地布满了三层，形成 S 形的构图。这两幅 S 形构图的故事画，对于具体情节和内容的安排又各不相同。

该窟东壁门南的萨埵太子本生故事画，画工用两条平行的土红色辅助线将画面分为三层，每层内都有山石呈弧形排列，仔细观察会发现三层画面内的山石可以首尾相接，形成图 4-1-2-f 所示的基本结构。

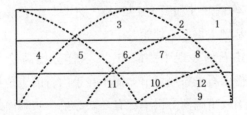

图 4-1-2-f （笔者绘）

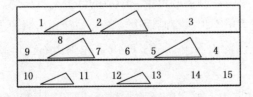

图 4-1-2-g1

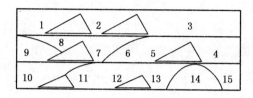

图 4-1-2-g2　（笔者绘）

该窟东壁门北的须达拏太子本生故事画，画工将大小组合的山石在三层画面中间隔排列，形成图 4-1-2-g1。画工为了使情节区分更加明确，在部分情节之间（6 与 7、8 与 9、14 与 15）添加呈弧形排列的山石，形成图 4-1-2-g2 的基本结构。

同时，笔者观察到在两幅故事画的山石脚下均有两条土红色线，它们应该是画工在绘制山石之前，用来示意山石布局的参考线。由此可知，画工首先在三层画面上用土红色线大致规划好情节，形成图 4-1-2-f 和图 4-1-2-g、图 4-1-2-g2，在这样一个框架结构的基础上再逐一填绘。

画面中山石的表现手法简单，[①] 这样会提高绘制速度。可见，画工是借山石来布局情节，而不在乎山石的表现技巧。在须达拏太子本生故事画面下层中部有一块绿色，从画面的涂改痕迹看，这应该是画工为了强化情节的区分，在最后敷彩时做出的临时修改。可见，在画工心目中，情节的区分是首要的。

在萨埵太子本生故事画面中，部分马蹄和房屋覆盖在了勾好朱线但未上色的山石上，画工应该是先画山石，再画建筑和人

---

① 画工用青、红、赭、黑四色依次平涂，再用同类色沿每座山的轮廓线相间接染，最后用墨线作简单形式的皱。

物、动物等。在北魏第257窟的沙弥守戒自杀缘故事画中的人物、衣饰均覆盖在山石上，画工也应采用了相同的绘制顺序。早期故事画的绘制程序应该大致如此。

第428窟的这两幅故事画中的人物形象、用色、设线笔法等皆同，似为同一画家（或画家团队）所绘。[①] 笔者认为画工应该是先规划设计了须达拏太子本生故事，后完成萨埵太子本生故事。

首先，在萨埵太子本生故事画面中，山石的组合和表现更加流畅，不同情节所占面积相近，每一情节又表现完整。须达拏太子本生故事画面中，特别是在情节11、12中的山石，更像是画工临时添加的，不同情节所占面积大小不等，有些山石甚至遮挡了主要人物。

其次，在山石、树木、建筑、动物的组合关系上，萨埵太子本生故事画面中的人物或依次成组排列，或进行对称排列，树木也是参差有序，整体画面更富有秩序感。须达拏太子本生画面中的人物聚散不一，特别是最下层画面中人物显得拥挤；树木也像见缝插针式随机填充。

画工可能是在绘制完须达拏太子本生故事后，在画面的情节安排和内容布局上掌握了一定的经验，所以在绘制萨埵太子本生故事时，作出了有效的调整。同时，画工在完成对萨埵太子本生故事情节布局后，也致力于绘画语言的探索，如对人物胳膊的反复涂改和修正。

这两幅故事画表现详尽，甚至连细节也一一列绘，很可能是

[①] 敦煌研究院. 敦煌石窟全集3 本生因缘故事画卷. 香港：商务印书馆（香港）有限公司，2000：180.

一个专业团队集体绘制的。画面中人物形象粗疏，画工多用赭色线或黑色线直接起稿，一次性完成，所以仍可见到误笔和多余线条。但是，画面中马匹形态各异，甚至还有正面形象，画工用笔笔到位的朱红色线勾出了马的动态，可见画工非凡的写实能力。同一幅画面中出现截然不同的绘画风格和绘制水平，很有可能是一个分工合作明确的专业团队集体进行绘制的。

根据种种线索，学界已经公认北周第428窟为当时沙州刺史建平公于义所建。该窟在崖面上的位置独特，并独立于北周窟群之外，这显示出王公窟与其他一般人营造之窟的区别。该窟面积为178.38平方米，为北朝最大的石窟，四壁及龛四周共绘有供养人1198身，他们应该是来自河西广大地区的施主[①]。该窟在营建之初必定得到了足够的资金支持，参与绘壁的工匠数量也应该相当可观。窟主也会要求有一定地位、技术娴熟的名工来主持壁画的制作。当时河西凉、瓜二州为于义兄弟所控制，他们有能力广泛招募河西地区的名工巧匠。同时，建平公于义赴任时或许从中原也带来了一批工匠。这些来自不同地方的高水平画工被组织在一起来分别负责不同题材的绘制。

萧默先生认为，故事画中的宫阙"是根据现实生活中的一般的民间坞壁阙画出来的。这种坞壁阙的资料在敦煌和河西都多有出现，应是画工耳濡目染习见之物"，[②] 如此看来，敦煌当地画工或长期生活在当地，熟悉当地风土人情的画工也应该参与了该

[①] 马德. 敦煌莫高窟史研究. 兰州：甘肃教育出版社，1996：69-70；敦煌研究院. 敦煌石窟全集3 本生因缘故事画卷. 香港：商务印书馆（香港）有限公司，2000：120；有一条供养人题记为"凉州沙门比丘道珍"。

[②] 萧默. 敦煌建筑研究. 北京：机械工业出版社，2002：97.

窟故事画的绘制。

敦煌故事画在北凉、北魏初期还处于初创阶段，画面比较简单。事由初起，无所师承，自然表现出一定的幼稚性。到了北魏中后期，画工在故事画的创作中开始独立探索，使画面构图呈现出多样性。到了北周时期，画工已经能因地制宜地对故事画进行创新变化，最终在实践中形成典范，带动流行，进而也塑造了职业上的传统。敦煌的工匠们成为推动我国佛教艺术向前发展的一支强大力量。

4.2 造像中模制工具的应用

敦煌彩塑主要包括圆塑、高浮塑和浮塑几种类型，浮塑又主要包括窟顶人字坡上的椽枋、龛梁、龛楣上的装饰以及模制影塑等形式，其中浮塑中的模制影塑大量出现在敦煌早期洞窟的中心柱上部。本节对模制影塑进行了系统整理后发现，在不同的历史时期影塑的风格和表现技法各不相同，通过对其历史演变过程的观察，不仅可以确定这一技术的基本特征和使用情况，还可以探讨模制技术的传承脉络，进而勾勒出以技术为出发点的工作方式的发展脉络。

自隋代开始，随着主体性圆塑的大发展，模制工具主要用来预制圆塑的头部、宝冠、背光以及佛像的手指、脚趾等。这种以专业化、标准化的方式来预制零部件的方式，促使了分工的细致和组织方式的系统化。本节通过对模制零部件的观察，来解读古代工匠在技术应用方面的创作过程和目的，探索敦煌艺术创作的特殊形态和历史逻辑，进而为理解中国古代工匠的创作体系提供本土的术语和逻辑。

4.2.1　模制影塑

敦煌鸣沙山属于第四纪玉门系砾岩层，质地疏松，不适宜雕刻石像，敦煌工匠们因地制宜地就地取材，以泥塑的形式来表现各种塑像。敦煌塑像的塑泥基本为窟前大泉河沉淀的澄板土和细砂制成。①

北魏第260窟是莫高窟现存影塑最多的石窟之一，② 该窟中心柱上残存的影塑菩萨的材质均为加了长纤维的胶泥，从影塑脱落后的痕迹看，用于粘贴影塑的材质为胶泥。根据孙纪元先生的研究，模制影塑使用的模具为泥质。③ 可见，制作影塑用的塑泥、模具和粘贴用泥，与敦煌其他塑像一样，都使用了当地的澄板土，工匠在制泥时根据需要加入适量的细砂和纤维。

在敦煌北凉时期，匠师们就已积累了极其丰富的制泥和塑造经验。从已残破的敦煌泥塑中可以看出，塑泥有明显的层次，每层表面都留有摸泥的指纹，这说明泥塑是分层敷泥的，并且每敷一层都不能过厚，而是待其水分适当挥发后再敷。这样完成的泥

---

① 段文杰. 早期的莫高窟艺术//敦煌文物研究所. 中国石窟·敦煌莫高窟（第一卷）. 北京：文物出版社，1987：175；敦煌研究院. 敦煌石窟全集2 尊像画卷. 香港：商务印书馆（香港）有限公司，2000：5-9.

② 敦煌研究院. 敦煌石窟全集2 尊像画卷. 香港：商务印书馆（香港）有限公司，2000：29.

③ 孙纪元. 略论敦煌彩塑及其制作//敦煌文物研究所. 中国石窟·敦煌莫高窟（第三卷）. 北京：文物出版社，1987：192-197.

塑收缩小，不开裂，而且保存久远。①

敦煌工匠们在丰富的制泥和塑像的经验基础上，自北魏开始，他们用泥质的模具来制作影塑，相比于敦煌的圆塑和高浮塑，影塑有明确而固定的轮廓，模具制作虽然消减了工匠的个人创作自由，但增加了工匠对整个制作流程的可控性，并使得整个制作过程更加规范化。同时，直接使用这种大批量的制成品，也缩短了制作过程，提高了工作效率。

北魏第259窟西壁佛龛上的影塑已全部脱落，从残存的粘贴痕迹看，每身塑像应该是用同一模具翻制而成。模具将塑泥加工成型后阴干，粘贴于窟内，形成了严整而富有秩序感的效果，它们对主体塑像起到陪衬和烘托的作用。

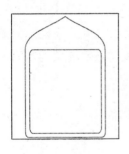
图4-2-a1

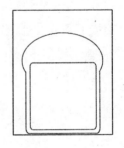
图4-2-a2（笔者绘）

北魏时期中原兴起中心柱窟，敦煌北魏时期的洞窟也均为中心柱窟，为配合僧众进行绕柱观像的仪式，中心柱四面开龛和塑像。影塑主要出现在中心柱佛龛龛楣上部和龛柱两边。西魏以后

---

① 敦煌研究院. 敦煌石窟全集22 石窟建筑卷. 香港：商务印书馆（香港）有限公司，2000：130.

开始出现覆斗顶窟，影塑出现在西壁正龛龛楣上方。虽然洞窟形制不断发生变化，但在中心柱或西壁正龛龛楣上的形制较为固定，主要是桃形顶（如图4-2-a1）和圆形顶（如图4-2-a2）。

影塑主要包括千佛、飞天、供养菩萨、羽人等，影塑的大小尺寸和排列方式是按龛楣形制来灵活变化，在不同历史时期，不仅影塑形式和表现技法不断发生变化，而且影塑之间的组合关系也在不断地变化，并形成全新的形态。

1）影塑的兴起

（1）北魏前期（439—499年）

北魏前期的影塑形象小而数量多，每身影塑紧凑而严密地被列于中心柱四周，如北魏254窟中心柱佛龛上方残存的影塑，每身影塑的圆形头光都微微向上翘起，工匠往墙上黏合时，往往将上面影塑的躯干部分叠插进下面影塑的头光位置（如图4.2-a3），最终形成了影塑横向相切、纵向重叠的紧凑严密的排列效果。工匠对龛楣也采用了这种方法进行处理，即将影塑叠插于龛楣后部。

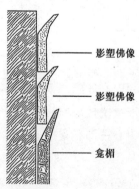

图4-2-a3 影塑重叠排列的横截面示意图（笔者绘）

在该窟龛楣正上方还绘有飞天和天莲华化生形象,影塑围绕该画面呈左右镜像对称排列,工匠用绘塑结合的方法巧妙地形成了一幅完整的天莲华化生过程的图像。在北魏第257窟中心柱上的化生图像更为明显。

日本的吉村怜先生认为,在敦煌早期的北凉窟、北魏窟中采用西方系统的装饰方法,即:

"天莲华→天莲华化生→佛

天莲华→天莲华化生→菩萨

天莲华→天莲华化生→天人"[1]

天莲华、化生、天人等形象的大小渐次变化,正好与尖形龛楣上方的区域契合,工匠本着尽量保持每身影塑完整的前提下(如图4-2-a4),在灰色区域内采用绘画的手法,其他部分则粘贴影塑,完整而有效地表现出了天莲华化生的整个过程。可见,当时的工匠对佛教题材已经非常熟悉,他们具有相当丰富的绘塑经验,能巧妙地利用空间进行灵活表现。

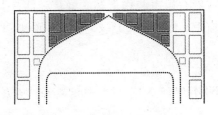

图4-2-a4(笔者绘)

---

[1] [日]吉村怜. 天人诞生图研究:东亚佛教美术史论文集. 卞立强,译. 上海:上海古籍出版社,2009:128-129.

敦煌自北魏开始大量出现模制影塑，但敦煌工匠从一开始在技术和应变能力上都表现出高度的成熟。那么敦煌工匠是如何获得这项技术的？他们在敦煌石窟的营建中是如何使用和发展这项技术的？

宿白先生认为，初期石窟寺的影响关系大致应是：新疆盆地北沿→以凉州为代表的河西→平城，但当平城大规模开窟形成新的典型后，石窟寺的影响关系大致应是：平城→北方地区（包括河西）。①

从吉村怜先生绘制的云冈石窟中的天人诞生图的变化过程可以看出，从天莲华到天人的变化过程中的不同形象与敦煌早期石窟中心柱上的化生形象极为相似，② 它们或塑或绘地大量出现在中心柱、南北两壁的千佛图像和说法图中，③ 甚至窟前室的人字坡顶和窟后室的平棋图案中。④ 可见，这是当时在云冈和敦煌都十分流行的题材，敦煌基本与云冈保持着一致。

在北魏第251窟的龛楣上方的影塑菩萨，它们或着通肩装作双手合十状，或着右袒服装作上仰右臂状，且右手中握有一物。在北魏第254窟中心柱上方也是这两种相同的影塑，这应该是敦

---

① 宿白. 中国佛教石窟寺遗迹：3至8世纪中国佛教考古学. 北京：文物出版社，2010：7.

② 如北魏第251、257窟中心柱东面向龛楣上方有绘制的天莲华化生相；北魏第260窟中心柱东面向龛楣上方有影塑天莲华化生相。

③ 如北魏第254窟南壁前部的说法图上方有与云冈形式相同的天莲华化生相；第260窟北壁前部说法图中的华盖下面。有与云冈形式相同的天莲华化生相；第290窟前室南壁有礼佛图。

④ 如北魏第435窟前部人字坡顶中有天莲华化生相；北魏第435窟后部平棋图案中有天莲华化生相。

煌北魏前期的常见样式，它们应该是由两种不同的模具制成。

敦煌这两种影塑的形象与云冈石窟中期第5窟西壁第二层中部南侧龛楣上方和西壁第三层第一龛龛楣上方的菩萨形象十分相似，其菩萨着通肩装，或双手合十，或右臂上仰，右手中也握有一物。吉村怜先生认为，云冈天人手中持的是天莲华的蓓蕾。[①]那么敦煌影塑菩萨的右手中也应为天莲华蓓蕾。

敦煌北魏前期（公元439至499年）正值云冈早期（约公元460年至470年）和中期（即公元471年至公元494年之间或稍后），[②]敦煌影塑的形象不仅与云冈石窟中塑像具有高度的相似性，而且出现的位置也相同。敦煌早期石窟是不是受到云冈石窟的影响石刻，敦煌工匠们想仿效云冈石窟的石刻效果，所以他们采用了影塑的方式来表现同样的艺术样式呢？

1965年，敦煌文物研究所清理莫高窟第125、126窟间崖隙中的积沙时发现附有太和十一年（公元487年）广阳王慧安发愿文的残绣佛一件。敦煌文物研究所的研究人员认为，这件绣像应该是从平城一带被人带到敦煌来的，其制作年代约在北魏太和十一年（公元487），[③]这正是敦煌北魏时期。

这件刺绣从上而下包括横幅花边、一佛二菩萨说法图、发愿文和供养人。其中"联珠状龟背纹与忍冬纹套叠"的横幅花边，在莫高窟第259、248窟可以找到，在云冈第6、9、10窟均有同

---

① ［日］吉村怜著. 天人诞生图研究：东亚佛教美术史论文集. 卞立强，译. 上海：上海古籍出版社，2009：38.
② 宿白. 平城实力的集聚和"云冈模式"的形成与发展//云冈石窟文物保管所. 中国石窟·云冈石窟（第一卷）. 北京：文物出版社，1991：179-180，187.
③ 敦煌文物研究所. 新发现的北魏刺绣. 文物，1972（2）：54-60.

样的浮雕边饰（见图4-2-2）。该刺绣中一佛二菩萨式的说法图，与敦煌第251、260等窟的小型说法图极为相似，它与云冈第11窟的说法图也极为相似。另外，女供养人服饰上的桃形忍冬纹（见图4-2-1）在莫高窟第251、260窟也可以看到，在云冈第9、10窟也能见到这类纹样。

图4-2-1　横幅花边（刺绣上部残存）　　图4-2-2　云冈第6窟　南壁下层
（左图采自《文物》1972年2期，《新发现的北魏刺绣》敦煌文物研究所，图六，第59页；右图采自云冈石窟文物保管所. 中国石窟·云冈石窟（第一卷）. 北京：文物出版社，1991：140）

可见，当时敦煌与平城的往来十分密切，平城在公元494年以前是北魏的政治、佛教中心，敦煌可能经常从平城带入画样和画稿。敦煌早在公元444年就已隶属北魏版图，在公元460年，北魏皇室在平城西开始开凿的武周山石窟即今云冈石窟，工程长达三十余年，平城地区集中北中国各地工巧、艺术家和高僧。①这一大批人手在云冈创造的新样式，必然也要影响到敦煌。

（2）北魏后期（500—534年）

从北魏后期开始，影塑的体型变大、数量变少，工艺风格日趋精细，同时，工匠不拘泥于北魏前期的固有形式，开始注重影塑群像的表现效果，组合的影塑群像在总体效果和主从关系上开

---

① 宿白. 中国佛教石窟寺遗迹：3至8世纪中国佛教考古学. 北京：文物出版社，2010：55-59.

始向秩序化和完整化发展。

北魏第435窟中心柱东向面龛楣上方残存的影塑，中间为盘坐佛像，两边分列立式菩萨和胡跪菩萨。它们大小不等，间距不一，工匠根据龛楣的实际空间来制作与其相适宜的影塑形象。

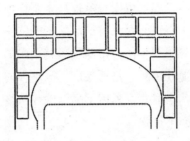

图4-2-a5（笔者绘）

北魏第437窟中心柱东向面开圆形龛，工匠在圆形龛顶上排列三身立像，左右两边等大小的飞天呈等间距排列，基本结构如图4-2-a5所示。影塑表层色彩为宋代重绘。笔者通过测量该窟每身影塑飞天的头部、裙摆、右腿的长度以及左腿和躯干的夹角，发现它们大小不等但误差不大。工匠可能用一个模子翻制出大样后，再做进一步调整和修正。

该窟的影塑飞天，高髻微侧、身形修长、褒衣博带，手持莲华蓓蕾，屈膝裹足飞行。这与云冈中期第6窟位于中心塔柱南面下层龛楣的飞天形象极为相似，特别是与云冈晚期（大致从公元494年至公元524年[①]）第34窟北壁上部西侧和北侧石刻飞天的形象高度一致。

---

① 宿白. 平城实力的集聚和"云冈模式"的形成与发展//云冈石窟文物保管所. 中国石窟·云冈石窟（第一卷）. 北京：文物出版社，1991：194.

在该窟龛楣南侧还有一手执琵琶的飞天,这与云冈中期第9窟后室南壁的明窗西侧手执琵琶的飞天形象也极为相似。在云冈早期第16窟南壁西侧的佛龛龛楣上部也出现过这一形象。

该窟影塑飞天冠帔的褶纹为阴刻线,工匠的刀法优美而生动,敦煌工匠灵活自如地运用石雕技巧来制作影塑。在敦煌和云冈这两种不同艺术质料间存在着如此紧密的联系。

与壁画的传移摹写相比,塑像或雕刻技术的交流与传授更为困难,而敦煌又地处边陲、路途遥远,需更多时日,但是敦煌影塑与云冈石刻在艺术形式上表现了高度的一致性。可见,敦煌与中原的交流在不断地加强。

6世纪初崔鸿《十六国春秋·北凉录》记:公元439年,北魏攻陷凉州,"徙虏及宗室、士民十万户于平城"。比《十六国春秋》晚一点的魏书《魏书·释老志》又记:当时,凉州的"沙门佛事皆俱东"。可见平城(即今大同)的佛教,凉州的因素很重。北魏太武帝灭北凉时,不少敦煌造像工匠被迁往平城。① 在平城大规模开窟形成新的典型后,平城又直接影响了敦煌地区。

古代许多雕塑匠师都曾先后在多处造像,他们既做泥塑又做石雕,这样泥塑和石雕往往会在尽可能的范围内相互影响和借鉴。营建云冈的石匠很有可能直接参与了敦煌石窟的营建,所以敦煌工匠与云冈工匠之间表现出了强烈的互动性和延续性。

---

① [宋]李昉,等. 太平御览(卷124引). 北京:中华书局,1960:603;宿白. 中国佛教石窟寺遗迹:3至8世纪中国佛教考古学. 北京:文物出版社,2010:7;孙纪元. 略论敦煌彩塑及其制作//敦煌文物出版社. 中国石窟·敦煌莫高窟(第三卷). 北京:文物出版社,1987:194.

2)地方样式的形成

北魏第 248 窟中心柱东向面龛上方的影塑,现仅存五身。[①] 其中一身影塑菩萨正面胡跪于从龛楣延伸出来的莲荷上,工匠在有效利用空间,积极与周围环境建立有机联系,龛楣与影塑之间更加整体、契合。

该窟的影塑飞天冠帔的褶纹线有疏密、深浅、主次的变化,工匠开始利用圆塑、浮塑、印刻等各种艺术手段。可见工匠在熟练掌握模制技术后,积极地吸收和借鉴各种艺术手段来表现影塑。影塑以其特殊的视觉和物质形式强化了当时的宗教理念。

模制工具虽然提高了工作效率,但整个影塑的制作却被不断地复杂化,即便是同一窟内的影塑也用三四种模具制作,即便是同一模具制作的影塑也要在细部刻画上寻找不同。同时,影塑头光都向上微微翘起,这很容易损坏且不容易粘贴于壁上,这需要严格的技术要求。如此耗费人力地去制造影塑,可见当时人们对视觉形式的追求,工匠们注重的是最后的呈现效果,并不是省时省工。

敦煌模制影塑的艺术风格与内地基本保存着一致性,只是时而隐晦,时而显著,而各个时期敦煌的社会变化都会对影塑的艺术样式产生微妙的影响,不管工匠自觉与否,必都受到了当时敦煌特定的文化、环境的影响。敦煌影塑的兴起和艺术风格的转变,都反映出了关键性的历史转变。

西魏第 432 窟中心塔柱东向面和北向面龛上方的影塑菩萨基本等大,并呈等间距排列,几身尺寸较小的化生对称排列在龛沿

---

① 敦煌研究院. 敦煌石窟全集 2 尊像画卷. 香港:商务印书馆(香港)有限公司,2000:30.

两侧,影塑与龛楣中所画忍冬纹和天莲华化生相呼应,整体造型单一,排列结构简单,工匠只采用影塑的手法来表现化生。以西魏为分界线,表现天莲华化生的场面开始减少,到北周窟、隋窟这种装饰形式逐渐开始消失。①

该窟龛上的影塑菩萨均着通肩装,尖头光,面貌清瘦,身体扁平,这种脖项细长的影塑形象是典型的中原样式。

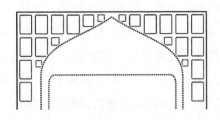

图4-2-a6　(笔者绘)

西魏时期敦煌的最高统治者是从北魏首都洛阳西来的北魏宗室东阳王元荣,东阳王任瓜州刺史共17年,东阳王一家笃信佛教。这一时期洞窟中的塑像一派南朝士大夫的气度,第285窟堪称魏窟汉化的典型,秀骨清像,褒衣博带,这很可能是因为东阳王从洛阳来敦煌时带来了中原(甚至南朝)的工匠,或者至少是带来了新的佛画粉本。②

北周第297窟的西壁佛龛龛楣上的"双龙羽人纹",段文杰

---

① [日]吉村怜. 天人诞生图研究:东亚佛教美术史论文集. 卞立强,译. 上海:上海古籍出版社,2009:128-129.

② 宿白. 中国佛教石窟寺遗迹:3至8世纪中国佛教考古学. 北京:文物出版社,2010:64-66;贺世哲. 敦煌石窟论稿. 兰州:甘肃民族出版社,2003:496-593.

先生认为与汉晋以来墓室中属于神仙方士系统的羽人乘龙形象有着明显的渊源关系。① 龛楣上的两条交龙呈镜像对称,特别是影塑羽人臂有羽,鸟爪,头生双角,一脚跨于龙背。这说明工匠开始注意龛内塑像和龛外装饰的结合,又注意与龛楣壁画的照应,在洞窟开凿之前工匠已有了较为缜密而完整的构想。

3) 影塑的衰落

在西魏第288窟中心塔柱上还首见了影塑千佛,佛像均为盘坐,圆形背光内绘头光,影塑佛像与窟内南北两壁绘制的千佛大小基本相等,形象高度相似。工匠使用了与南北壁的千佛相同的方法来描绘,也以八身为一组来变化服装的头光的颜色。

同样,北周第428窟窟内四壁上层分五排贴影塑千佛一千四百八十五身,② 佛像大小相同,形象相似,似为同一模具翻制。该窟的模制佛像着通肩袈裟,结跏趺坐,作禅定印,袈裟以白、红、青、黑四色有规律地交替变化,是莫高窟保存影塑千佛最多的洞窟。

佛像的模制痕迹明显,工匠用模具翻制后直接粘贴于壁上,再用笔直接描绘。影塑佛像的大小、体态和排列方法都与这一时期窟内绘制的千佛相同,在影塑千佛的右上方还留有书写佛名的榜题。北周第290窟中心柱东向面的影塑已全部脱落,但从粘贴痕迹看,影塑形象应该也是与该窟相似。

西魏和北周时期出现的影塑千佛敷色简单,刻画粗疏,细部

---

① 段文杰. 早期的莫高窟艺术//敦煌文物研究所. 中国石窟·敦煌莫高窟(第一卷). 北京:文物出版社,1987:176.

② 敦煌研究院. 敦煌石窟全集·塑像卷. 香港:商务印书馆(香港)有限公司,2000:53.

表现均由雕刻改为笔绘。影塑千佛千篇一律，流于公式化，远没有北魏时期精彩和精致。

曾经盛行于北朝的影塑飞天、影塑菩萨和佛像，从隋代开始渐渐消失。隋第303窟中心佛坛上的影塑现已全部脱落，但从残留的粘贴痕迹看，应该是尺寸相同并呈等距排列的影塑。

隋代开始，洞窟形制由中心塔柱式向覆斗式转变。覆斗式窟均在西壁开龛，龛楣上方的影塑已全部被细密艳丽的纹样所取代。后来龛楣也逐渐消失，直接在西壁开方口浅龛。到了唐代，这种形式得到进一步的巩固和发展。由于唐代造像技艺的飞速发展，龛内是以整铺的群像为主的圆塑，它们形成了绚丽豪华的理想化的唐代样式。

初唐第322窟西龛内佛像火焰纹背光上原有浮塑千佛，现已全部脱落。从粘贴痕迹看，当时七身影塑的形象应基本一致。盛唐第148窟北壁龛内西侧的月光菩萨是目前笔者检索到的唯一一身影塑，菩萨盘坐于莲坛上，刻画细致，塑像的身体表面显得平滑而细腻。影塑中也反映出当时成熟的塑像技术。

在敦煌莫高窟北区还出土了一件晚唐时期的模制浮塑，这身立式佛像B142：2，通高9.00厘米、下宽5.40厘米，着通肩大衣，衣纹阶梯状，立于仰覆莲座上，项光、背光均由凸起之辐射状线组成。[①] 这身佛像全像敷彩，虽已大部分脱落，仍可见项光为红色，背光为蓝色，佛面、袈裟及莲座为白色。

在敦煌莫高窟第492窟也出土了形式相同的佛像。这种模制浮塑的技术在晚唐时期还在使用，但已远失去了初创时的生动和

---

① 彭金章. 敦煌莫高窟北区石窟研究. 兰州：甘肃教育出版社，2011：21-22.

活力，并逐渐程式化，且作风生硬。在敦煌莫高窟北区的15个洞窟内共出土了西夏至元代的脱塔、脱佛70 000余件。其中，脱佛数量约有53 000多件，种类有桃形、圆形，均用澄板泥制成。[①]

从出土巨大数量中可以看出这是使用模件而造成的，这么多数量的脱佛，只有两种形式，说明模具都已被彻底而严密地标准化了，工匠的意图似乎在于缩短制作并使之更加便捷。

在莫高窟北区还出土的元代的模制经变第462：4，高22.00厘米、宽15.00厘米，呈长方形，有边框，中间有一佛说法，佛左右及佛座下有6身双手合十的菩萨和4身弟子听法。经变全部敷彩，其中佛身施金色。用红胶泥夹麻制成。据推测该模制经变原应粘贴于元代莫高窟第462窟后室西壁。[②] 这是模制影塑的又一种形式。

敦煌塑像的艺术样式的形成取决于当时的时代精神和周围的风俗民情，同时，当时的客观形势与精神状态的更新又总会引起影塑样式的更新。影塑的发展基本上反映了中原各个时期的样式，只是样式变化有时缓慢有时迅速。因为这个缘故，敦煌塑像具有了特定的社会、文化和宗教的含义。

4.2.2 模制的塑像零部件

敦煌现存塑像三千多身，其中圆塑两千余身，影塑一千余

[①] 潘玉闪，马世长. 莫高窟窟前殿堂建筑遗迹. 北京：文物出版社，1985：107；彭金章. 敦煌莫高窟北区石窟研究. 兰州：甘肃教育出版社，2011：22-23.

[②] 潘玉闪，马世长. 莫高窟窟前殿堂建筑遗迹. 北京：文物出版社，1985：107.

身。其中，圆塑基本完好的原作计一千四百余身，其余大都经过后代妆色或重塑，有的已失去原作面貌。[1] 敦煌塑像表现的是宗教神像，题材的局限性很大，同时还有种种严格的造像规范的束缚，古代匠师们在进行艺术创作时受到了严格限制。

在敦煌文献中没有关于制作塑像的具体记载，同时，敦煌文献的时间基本上为9、10世纪，即敦煌历史上为吐蕃占领时期（公元848年）和瓜沙归义军时期（公元848年以后）的文献。我们只能通过对塑像的具体观察，并结合一些零星的史料，来引申出一些相关的结论。

在敦煌历史上的不同时期，工匠们一直使用着泥质模具来预制主体圆塑的头部、宝冠、璎珞、手指、莲华瓣等零部件。这不仅加快了制作塑像的进度，还促使塑像单元部件制作的标准化和专门化。

1）模制的塑像头部

日本的邓健吾先生指出："就一米以上的菩萨而言，只有头部才用模制，躯体则是在木胎上塑造。它们的形式各异，但一般都身量相等，衣纹线轻快流畅。"邓先生认为北魏第265窟中心柱前的菩萨像的头部，整齐划一，可能就是模制而成。[2]

用模具制作塑像头部的方法在北凉时期就已出现，如北凉第275窟阙形龛和双树龛内的菩萨像，面部及头冠上的装饰均为模

---

[1] 段文杰. 敦煌石窟艺术研究. 兰州：甘肃人民出版社，2007：127.
[2] [日] 邓健吾. 敦煌莫高窟彩塑的发展//敦煌文物研究所. 中国石窟·敦煌莫高窟（第三卷）. 北京：文物出版社，1987：198-202.

制。① 北魏第437窟中心柱南向龛东侧的胁侍菩萨，菩萨的头冠、辫发等与头部有接缝的痕迹，它们应该是分别加塑到头部的，而塑像颈部有条明显的裂痕，说明工匠在整个完成头部的塑造后再加塑到塑像身体上的。北魏第248窟中心柱西向龛南侧的胁侍菩萨，头冠与发髻处有条裂痕，菩萨的头冠、辫发也应是逐个添加到头部的。

北魏第248窟中心柱四周的几身菩萨塑像的头部形状基本相似，可能也是出于模制，只是经彩绘后而稍有差别。在西魏第288窟绕中心柱四周的菩萨像的头部背面，显得平整无起伏，却能看见分块模制的痕迹。② 北周第438窟西壁龛外南侧右胁侍菩萨的面型丰圆，从开裂的颈部可以看出头部原为模制。

早期塑像的头部可能都是分块模制后再进行拼接的，工匠在拼接时会以手工对模块作进一步加工。虽然手工制作的自由度不大，但为工匠提供了弥补失误的机会，工匠能增加一些有意识的局部变化和修饰。正是这种有意图的不完整性被创造性地利用了，才使得塑像摆脱了千篇一律的模式化倾向。

在敦煌彩塑中，随着塑像内容的增多，塑像中的弟子、天王、力士等也都采用了单独制作头部的方法。如隋第283窟西壁龛内佛像的脖颈处的接缝，盛唐第46窟西龛内北侧的北方多闻天王像和天王脚下跪卧的药叉，脖颈处都有一条裂缝，这应该是加塑头部时留下的。

---

① 敦煌研究院. 敦煌石窟全集2 尊像画卷. 香港：商务印书馆（香港）有限公司，2000：16.

② 敦煌研究院. 敦煌石窟全集2 尊像画卷. 香港：商务印书馆（香港）有限公司，2000：30、39-40.

在莫高窟前遗址出土了盛唐时期的模制塑像的面部，面部厚约 1.5 厘米，后面内凹，塑像脸型丰满圆润，雍容华贵。这是在预制好的模具上直接模塑成型的。① 这是一次性地完成塑像整个面部的制作方法，这使得工匠有足够的精力和时间对塑像头部进行精雕细刻，这使得艺术技巧有了重大发展，在重复出现的人物形象中出现了迥然不同的精神风貌。

隋第 244 窟西壁北侧的迦叶像，工匠在脖颈处塑出了喉头筋脉和锁骨，塑造出生动的苦修形象；隋第 419 窟西龛内北侧的迦叶像，两腮塌陷，嘴角皱纹深陷，一副饱经风霜的胡僧形象；隋第 427 窟中心柱南向龛东侧的迦叶像，胸骨突出，头部基本以块面表现，颇有新意。

初唐第 328 窟西龛内北侧的迦叶像，低眉垂眼，颧骨突出；初唐第 220 窟西壁龛内北侧的迦叶像，双眉紧蹙，老成持重。可见，当时的工匠们在刻画塑像相貌特征的时候，表现出了高度的概括能力和丰富的艺术语言，使得塑像形象明确而显著。

马德先生认为："敦煌石窟的塑像一般为敷彩泥塑，塑匠们主要承担泥工，彩绘则由画匠们承担。"② 从窟内现存塑像和出土实物来看，绘、塑的工作完全由两位工匠分开完成的可能性不大。

盛唐第 194 窟西壁龛内南侧的天王和菩萨的头部，工匠以浓墨点睛，朱红涂唇，特别是天王面部赭红线描画的胡须，恰到好处地来增强形象的典型性。绘、塑两种技法内在联系紧密，技法

---

① 敦煌研究院. 敦煌石窟全集 22 石窟建筑卷. 香港：商务印书馆（香港）有限公司，2000：224.

② 马德. 敦煌工匠史料. 兰州：甘肃人民出版社，1997：18-19.

之间的转换自然、整体感强。所以，对于面部的塑、画可能是由同一工匠完成。

发现于千相塔内的一尊盛唐时期的高僧头像（千相塔为王圆箓所造功德塔，原位于莫高窟下寺果园东南侧，现已无存），①现藏于敦煌研究院陈列中心，这尊塑像极具写实风格，塑像面部的所有细部关系都是以塑的形式表现，工匠塑造出了一位年过花甲的高僧形象。中唐第194窟的力士像，面部结构严谨而略显夸张，而绘制的部分基本褪色，工匠通过塑就突出相貌个性，可见当时塑像技术的高超，这或许是由专业水平相当高的师傅完成头部的生动塑造。

工匠通过自己的艺术技巧，将这些具有明确而固定的轮廓的、公共性的塑像转化为了个人艺术。在敦煌莫高窟北区出土了细长木把的木质塑刀，形状有刀形、勺形、铲形、桃形等，②细长把应该是为了便于工匠把握，用来进行细部刻画，不同的刀形说明了雕塑工具的完备和塑像技术的成熟，所以塑像基本都保持在很高的质量水准上。

2）模制的塑像其他零部件

孙纪元先生认为古代工匠们使用了模具来制作圆塑人物身上的璎珞、串珠、花冠等多个装饰部件。③ 这种用模具预制主体塑像身上装饰配件的方法，早在北凉时期就已出现，如北凉第275

---

① 敦煌研究院. 敦煌石窟全集·塑像卷. 香港：商务印书馆（香港）有限公司，2000：196.
② 彭金章. 敦煌莫高窟北区石窟研究. 兰州：甘肃教育出版社，2011：21.
③ 孙纪元. 略论敦煌彩塑及其制作//敦煌文物研究所. 中国石窟·敦煌莫高窟（第三卷）. 北京：文物出版社，1987：192-197.

窟西壁交脚弥勒菩萨的发冠与头顶的连接处有条裂缝，这应该是工匠事先制好发冠，再往头顶上加塑时留下的。

这种预制的塑像零部件是由若干泥质模具单独制作而成，它们通常是塑像的易损部位，如宝冠、璎珞、手指、莲华瓣等。在北魏第248窟中心柱南向龛西侧的胁侍菩萨身上，我们还能清楚地看到工匠预制好的背光，在隋代第427窟前室南壁的天王、力士的背光，也使用了同样的制作方法。

盛唐第45窟西龛内北侧的迦叶像与左胁侍菩萨像的手指残缺，正好裸露出了原来手指和手掌的接合处。1965年敦煌研究院进行考古发掘时，在第491窟西龛南侧发现了西夏时期的供养天女，其脱落的手指断面也裸露出了原来的接合处。

敦煌莫高窟北区出土了西夏至元代时期用模具制作的莲华瓣、装饰图案等，它们皆是用红胶泥加麻制成，主要用来粘贴于佛坛上或佛坐上。① 盛唐第27窟西坡窟顶供养菩萨的莲华座，应该也同样是用模具制成莲华瓣后再粘贴而成的。

这种大量预制塑像零部件的方法，是通过投入人的聪明才智与劳动将自然资源的消耗降低到了最低。更为重要的是，这些零部件不仅可以预制，它们还可以作为常备构件来进行替换，这必然要求零部件制作的标准化，因为只有标准化的部件才能进行任意置换、组装、组合。

同一模具的反复使用，正是工匠进行标准化制作的方法之一。如在隋第427窟中心柱东向龛和南北壁人字坡下的六身菩萨的宝冠形式相同，都由若干片花叶组合而成。在该窟前室南北两

---

① 彭金章. 敦煌莫高窟北区石窟研究. 兰州：甘肃教育出版社，2011：21-22.

壁的天王与力士像中，其宝冠形制与菩萨宝冠完全相同。该窟这十二身塑像的宝冠应是由同一模具统一制作的。隋第244窟南、西、北三壁的六身胁侍菩萨的发髻一周浮塑三朵花饰，这也应是同一模具制作的结果。在隋第420窟西龛内和龛外两侧的胁侍菩萨以及南北两壁龛内的胁侍菩萨的宝冠中，也出现了同样的现象。

　　在同一窟内，菩萨、天王和力士中的相同宝冠说明，在塑像的制作过程中，每个工匠分别负责完成其中一项标准化工序，参与这项工作的个人不能改变塑像的形状，因为工匠的一个小小的变更，都会影响整个工作程序。同时，这又使得塑像整体的制作水平稳定，且保持在一个较高的水准之上。

　　隋第419窟西龛内两身胁侍菩萨的宝冠由叠压的花叶、冠带、发箍等多个部件组合而成，这是用不同的模具加工后组合的结果。初唐第204窟西龛外北侧的胁侍菩萨的宝冠、发髻、冠带也是由不同模具制作后加塑于身上的。初唐第203窟西龛内南侧的右胁侍菩萨、盛唐第446窟西龛内南侧的右胁侍菩萨、中唐第197窟西壁龛内南侧的菩萨，其残损的宝冠、项饰、臂钏显露出了后来加塑的痕迹，同时这些零部件的刻画也十分精美华丽。

　　这是在标准化制作基础上，自然地促使了制作过程的专门化。根据陆离先生的研究结果和郝春文先生对敦煌文献P. 2049的研究（详见本书第二章第一节），在9世纪，敦煌工匠的分工已是按照制作技巧和材料来进行仔细划分，每一名工人的工作都更加专业化，也因而更加规范化。

　　另外，根据9、10世纪的敦煌文献，工匠的工作被划分为更多相对独立的步骤，不同工种的工匠按照各自的计划行事。具体如下：

"面贰斗柒胜，二月八日前修行像塑匠、木匠等用。

面壹斗，酉年二月六日，修补行像塑匠食用。（P. 2049v1）

粟壹斗，塑匠造佛焰胎日沽酒用。（P. 2049v2）

面柒斗捌胜，上赤白僧及上沙麻塑匠等用。（P. 3234v）

面伍升，二月一日撩治佛塑师吃用。（P. 3234v）

面三斗半、油半胜、粟七斗，料（撩）治行像手看塑匠用。"①

由上引文献可见，当时应该出现了分组的、小规模的制作流程，每组可能是师傅带着工匠进行制作，每个人负责完成其中一项标准化的工序，师傅来确定质量标准。这种标准化、分组制作的方法，保证了不同塑像间的高度相似性。

初唐第 203 窟西龛内两身胁侍菩萨的佩饰、面部表情、身形姿态表现出高度的相似性；盛唐第 319 窟西壁佛龛内两侧均为半跏坐的菩萨，除天衣的披带略有不同外，其他部分都表现出高度的相似性，特别是衣裙褶裥和垂悬于莲座上的褶裥也完全相同；盛唐第 45 窟西龛内的左右两身胁侍菩萨，其身形、体态、表情各方面都表现出高度相似。

整铺塑像的顺利完成必须基于制作过程的协调顺畅和进程安排的紧密有效，这必须要以严密的工匠制度为前提。笔者在本书

---

① 马德. 敦煌工匠史料. 兰州：甘肃人民出版社，1997：64-66.

第二章《敦煌的工匠制度》的第一节中就已经指出,在敦煌9、10世纪时的各个行业的工匠们,按其技术可分为都料、博士、匠、生四个级别,在塑匠中也同样存在着类似的技术等级。

这种严格的分工和等级关系形成了一种新的社会结构和管理模式,这已完全区别于由个人一步步单独完成的"贯彻始终"的创作和制作。这种由若干专业工匠共同协作的工作方式,不仅塑造了丰富多样的艺术形象,还对锤炼与维系有组织的艺术创作和合理的组织结构贡献了自身的一份力量。

敦煌塑像凝聚着无数无名工匠的集体努力,凝聚了巨量的人工,在敦煌文献中高级匠师也只保留有姓氏,如"令狐博士、陈押衙",保留有完整姓名的只有"赵僧子、张建宗、马报达"这三人,具体如下:

"油□胜,与塑匠令狐博士塑壁手功用

廿五日,粟壹斗,塑师陈押衙用。(P. 4909)

(戊寅年978?)二月八日,粟壹斗,付塑匠赵僧子。(S. 4899——

油贰胜,寒食付塑匠张建宗用。

辛未年六月一日,塑匠马报达在伊州作客写记耳。(北往40)"①

根据马德先生的研究,敦煌文书S. 4899中的"塑匠赵僧子",应该就是稍晚一点的敦煌文书P. 3964《赵僧子典儿契》中典卖亲生儿子的塑匠都料赵僧子。赵僧子凭靠自己过硬的技

---

① 马德. 敦煌工匠史料. 兰州:甘肃人民出版社,1997:64-66.

术，由塑匠一步步地取得了最高级匠师资格，但他的处境仍然很艰难，他应该是属于都料中的下层。

4.3　图案设计

敦煌装饰图案包含着极为细致的情感、出色的想象力与设计价值观，它以独特的艺术方式介入社会，并为社会服务。敦煌的画工们在图案的转换和新样式的生成过程中，展现出罕见的适应能力、自我调节能力和再生能力。这些能力使得敦煌艺术的绘制方法和绘制过程不断向专业化和高度组织化方向发展，这不仅保证了敦煌装饰图案保持在相当高的艺术水准之上，还形成了一个与本土生活相匹配的艺术风格。

在这一部分，我会将不同形式的图案放到一定的历史背景中进行考察，通过个案研究，提纲挈领地阐明敦煌图案的阶段性发展特征以及其发展的内在规律和成因，进而明确敦煌画工在将染织图案转换为壁画和雕塑上的纹样时，是如何创造出具有敦煌艺术特色的图案形式，又是如何形成一套系统、合理的工作方法和行之有效的组织结构的。

4.3.1　作为画稿的织物图案

敦煌藏经洞中曾经出土了一件壁画底稿（即现藏于英国国家博物馆的壁画底稿 s. painting76 白描稿），荣新江先生指出其作成时间在公元 914 年 4 月之后。沙武田先生根据其画面内容、画稿特征等，指出它应为敦煌莫高窟五代宋曹氏归义军时期所建洞窟第 98 窟维摩诘经变的壁画底稿，不仅如此，它还影响到这一时期所有洞窟壁画中维摩诘经变的绘制。①

我们将该画稿与莫高窟第 98 窟东壁南北侧的维摩诘经变进行比较后，不难发现，画稿中并没有对佛、菩萨、天王和供养人等的服饰、地毯、帷帐以及佛事供养具中的图案进行描绘，而这些内容在壁画中却被描绘得相当细致逼真，壁画中的这些图案很可能就是画工根据敦煌当时的纺织品图案描绘的。

另外，根据沙武田先生的《敦煌画稿研究》一书，在敦煌不同形式的画稿画样中，特别是各类佛像和供养人像的服饰中，均未见到对具体图案的描绘。如晚唐第 196 窟西壁的"风吹魔女"图，与 P. tib. 1293（2）Bd 白描稿中头梳高髻的外道魔女的形象极为相似，只是壁画中的女子服饰描绘得详细，其长袖花衫、腰束彩裙的形象，应是当时平民女子的日常衣着。

1984 年，马名达、由旭声先生从兰州大学历史系敦煌室所藏的微缩胶卷中选取了近二百幅绘画，编成了《敦煌遗书线描画选》。根据这本书中的资料，我们发现这些绘画对各类佛像和供养人画像的服饰图案的描绘也极其简略。如在 P. 3993 菩萨像中，菩萨的锦裙和帔带上都没有细致的图案；而与 P. 3993 菩萨像相似的壁画，如初唐第 217 窟西壁南侧的大势至菩萨，头戴宝瓶冠、身穿锦绣僧祇支，披巾长垂，特别是画工对服饰图案的描绘华丽精细，令人叹服。

在表现现实生活场景的供养人像中，也能看到画工借用当时

---

① 荣新江. 归义军史研究——唐宋时代敦煌历史考索. 上海：古籍出版社，1996：227-228；沙武田. 敦煌画稿研究. 北京：民族出版社，2006：176.

流行的织物纹样来完成供养人服饰的表现,《敦煌遗书线描画选》中的 P. 2002 草稿中,女供养人像与中唐第 468 窟西壁龛下的几身女供养人像在姿态、服饰、发型等方面都表现出高度的一致性,只是壁画中人物形象更加生动,特别是画工对人物服饰图案用不同的技法进行表现。

在壁画中,画工不仅对佛、菩萨、弟子、天王等的服饰进行重点描绘,他们甚至还对现实供养者或反映现实生活场景的普通人物身上的服饰图案作出精细刻画。显然,画工在依据画稿绘制具体形象之外,还直接以现实生活中所流行的服饰上的染织图案为依据来完成细节刻画,只是因绘制年代不同,导致所描绘的图案每有变化。

1) 模仿与借鉴

在敦煌早期的塑像和画像上,衣饰花纹都表现得极为简略,但是到了隋唐时期,不论是塑像还是壁画,服饰图案显然成为新开拓的装饰艺术领域。在菩萨的僧祇支和绣花罗裙、罗汉的山水衲、供养人的锦裙中,华美的纹样如石榴卷草、团花、棋格、折枝花等都随处可见。

如在初唐第 57 窟南壁中央的说法图中,胁侍菩萨锦裙上的缕金锦纹描绘得极为细致,所呈现的金光闪闪、富丽堂皇的艺术效果,与近年来吐鲁番出土的唐代绫锦的花纹极为相似。

同窟北壁中央说法图中的胁侍菩萨,其覆髆衣描绘得相当精细。画工除了表现纹样外,还开始对织物的材质和制作工艺进行模仿,在一定程度上表现出当时染织艺术的真实风貌。

在敦煌艺术中,现实生活中由不同染织工艺所形成的不同图案形式和特征,都反映在敦煌服饰图案上,如绞缬、夹缬、套版印染等当时流行的工艺形式所创造的艺术样式，都成为敦煌画工们模仿和借鉴的对象。

在初唐第217窟东壁北侧的观音经变中，一女子裙上绘"十字形花纹"；在盛唐第103窟南壁的法华经变中的菩萨锦裙中，也绘有同样的"十字形花纹"；该纹样形式与1972年新疆吐鲁番阿斯塔纳出土、现藏于新疆博物馆的唐代蓝地绞缬朵花罗的纹样形式完全相同。[①] 该织物是用绞缬中的缝绞法制成，花纹简单，多用于妇女的衣着。敦煌壁画中的这种"十字形花纹"明显是模仿绞缬的工艺特点和图案形式。

由于绞缬染只要家常的缝线就可以随意做出别具一格的花纹，因而在古代应用很广泛。[②] 在敦煌壁画中，这种由绞缬形成的简单的"十字形花纹"无论是普通人还是菩萨身上都被广泛应用。

在初唐第329窟东壁北侧的说法图中，菩萨锦裙中填绘"散点朵花纹"；在晚唐第14窟南壁西侧菩萨的覆膊衣中也出现了同样的"散点朵花纹"。朵花由六个小点组合，并由两套颜色交替出现。

这种有两套颜色的"散点朵花纹"，与1968年新疆阿斯塔纳北区105号墓出土、现藏于新疆博物馆的唐代茶黄色套色印花绢中的纹样相同，[③] 该纹样在工艺上采用了浅黄、白两种镂版，由强碱性浆料印花后形成。显然，敦煌的画工模仿了这种套色印花的装饰效果。

---

① 唐代蓝地绞缬朵花罗，长63厘米，宽15厘米。
② 吴淑生，田自秉. 中国染织史. 上海：上海人民出版社，1986：121.
③ 唐代茶黄色套色印花绢，长105.9厘米，宽31.3厘米。

此外，杨建军先生在《隋唐染织工艺在敦煌服饰图案中的体现》一文中还指出，隋代第292窟南壁的彩塑菩萨的半臂棋格联珠小团花纹锦，就是隋唐时期流行过的平纹经锦。[①]

由此可见，敦煌彩塑或壁画中表现的服饰图案，不仅客观地反映了现实社会中织、染、印、绣等工艺，而且还保留了当时最流行的纹样形式。画工们明显是现实生活的积极参与者，他们信息灵敏、目光犀利并且充满活力，正是这样一批对现实生活充满热情的画工创作出了逼真到极点的敦煌服饰图案。在他们心目中，"美"是横跨在此岸和彼岸之间的一座桥梁，因为这座桥梁，二者之间的距离看起来并不那么遥远。

2）设计思想

在敦煌艺术中，装饰图案相比于其他的艺术形式，是一个充满变量的文化因子。当一种新的图案形式出现并广为流行时，在敦煌壁画和塑像中很快就能得到体现。这在很大程度上真实地反映了不同时期装饰风格的变迁，也反映了因制作技术的革新而带来的装饰风格的变化。

这种现象应该是当时画工设计思想的具体体现，画工将当时最流行的染织图案从世俗人身上扩展到菩萨身上，以至整个佛教建筑装饰中。这种接近于现实生活的装饰手法减少了宗教的神秘感和外来性，吸引普通民众接受和亲近佛教。画工借助于普通人

---

① 杨建军. 隋唐染织工艺在敦煌服饰图案中的体现. http：//www. cnki. net/KCMS/detail/detail. aspx? QueryID = 1&CurRec = 1&recid = &filename = FS-DK201202002&dbname = CJFD2012&dbcode = CJFQ&pr = &urlid = &yx = &v = MTM5MzFNclk5RlpvUjhlWDFMdXhZUzdEaDFUM3FUcldNMUZyQ1VSTCtmWStacEZDam dVYnJPSXo3UFpiRzRIOVA =

的感官，营造出带有烟火气的宗教偶像与宗教氛围，让观者觉得佛祖不出人间、佛法就在身边，佛国世界的彼岸并不遥远，它与我们的生活息息相通。

如果要对这种设计思想做一概括，我以为用"移情"这个词来表达最为贴切。装饰图案在画工手中千变万化，然而总不离"时代潮流"之宗旨。这种似曾相识的视觉对象具有强烈的代入感和亲和力，观者对于生活的真切感受随着对流行纹样的辨认自然而然地转移到宗教偶像身上和宗教场所当中，妙相庄严所带来的敬畏与烟火人间所产生的亲切营造出一种巧妙的张力，虔诚供养、离拔得渡的宗教情绪油然而生。移此间情为彼世愿，装饰图案的作用远远不止是填补画面空白、增加审美那样简单。

针对不同的观者、供养人，画工也创造出不同的纹样图案，以便转移不同等级的情感。对于那些主要服务于上层社会的洞窟来说，画工用装饰图案再现了人间的等级。如壁画中的地毯图案，被统治阶层使用的往往描绘得细致，如盛唐第130窟南壁都督夫人礼佛图中的地毯图案，描绘得细致入微，而都督夫人的碧罗花衫和绛地花半臂，是唐代贵族妇女的典型。

到了晚唐和五代宋时期，对供养人服饰和脚下地毯的描绘也成为画工的主要工作，特别是到了曹氏归义军时期。如五代第61窟、98窟曹议金家族女供养人的服饰图案最为精美，这也显示出曹氏家族的权力和财势。

西夏第409窟东壁北侧西夏王妃身下的地毯图案（如图4-3-1），纹样精致华美，反映出供养者当时极高的社会地位。可见，在敦煌图案使用的背后，不仅反映而且维系着当时既存的社会秩序，甚至成为政治权力看得见摸得着的象征。

西夏第409窟 东壁北侧,西夏王妃供养像身下

图 4-3-1(笔者绘)

画工所进行的图案创作,并不完全是凭借着自己的意愿来进行绘制的,同时还遵循着现实生活中规定的图案使用等级和规范。可见当时的官僚制度如此有力,它直接渗透到了佛教艺术的表现中。

4.3.2 画工对织物图案的转换

在本节中,我会对在壁画中数量多且形式简单的图案形式(以"散点朵花纹"为例,详见下文)以及形式复杂的具有代表性的图案(以"联珠纹"和"团窠宝花纹"为例,详见下文)形式进行分析。通过这些分析,我们可以观察出画工是如何跨越了不同工艺中的技术因素,完成了不同性质图案间的自由转换。在这个转换过程中,图案艺术逐渐转变为理智的创造性的产物而不再仅仅是机械的重现与复制,而画工针对母体图案所进行的因地制宜的变化和改造,更建立起敦煌图案独特的地方风格和时代特点。

1) 画工对简单织物图案的转换——以"散点朵花纹"为例

(1) "散点朵花纹"的表现和特点

"散点朵花纹"是笔者对一种颇具代表性的敦煌图案的概称，具体来说是指由多个圆点所组成的圆形小花纹样，由于其形式简单，也因此成为敦煌艺术中出现次数最多的图案之一。

根据考古发现，"散点朵花纹"很早就已经出现在织物上了。1995年在新疆于阗屋于来克古城遗址出土了两片北朝时期的蓝地"散点朵花纹"印花毛织物（现藏于新疆博物馆）。该织物在蓝色地上印有白色的"散点朵花纹"，这是由点蜡法——即用凸版工具蘸蜡点在织物之上的工艺——所造成的。

这种由于制作工具而形成的纹样形式，普遍出现在敦煌壁画的人物服饰中。如初唐第334窟南壁阿弥陀经变中菩萨的覆膊衣和裙以及北壁菩萨的覆膊衣中，都以"散点朵花纹"为主要装饰图案。

在织物中所使用的凸版工具，通常刻有一排圆点或是一圈圆点，[①] 这样不仅提高了工作效率，而且还保证了图案之间的形似性。在敦煌壁画中，根据笔者的观察，画工并没有借鉴这种高效的印花技术，壁画中同一部位的朵花大小不一，单点的敷色不均匀，使用模戳点印的可能性不大，应该是画工直接用笔绘制而成。

初唐第335窟西壁龛内南侧的牢度叉斗圣变中的魔女，上衣中绘有"散点朵花纹"；盛唐第166窟西壁龛顶说法图中菩萨的

---

① 赵丰. 中国丝绸艺术史. 北京：文物出版社，2005：95.

锦裙中也绘有"散点朵花纹",单朵花中的圆点疏密不同,画工依据纹样的装饰位置而略作调整。这些图案均出自手绘,即使在其他地方都一致的构图中,也必定会出现种种差异。

盛唐第445窟南壁的阿弥陀经变中,在舞者及身下的地毯,以及天宫栏墙中的伎乐身上都出现了"散点朵花纹",纹样不随衣纹褶裥进行变化,这应该是画工在绘制完人物形象后再平涂纹样;画工关注的是如何在有限的区域内尽量完整地表现出织物中纹样的组织结构,他采取了四方连续式构图,模仿当时的印花雕版的工整模式,这是对现实织物图案的一种直观描绘。

在衣服边缘的纹样显得粗疏草率,部分纹样略有变形,这应该是画工为了提高绘制速度而草草绘制的。种种迹象都说明,部分画工可能只绘制某类纹样,当其他画工分别完成勾线、敷彩后,最后由一类画工统一进行纹样的描绘,这是一种流水线式的绘制方法。

不仅上述敦煌多个洞窟中出现了"散点朵花纹",在中原地区的壁画中,"散点朵花纹"也很常见。如山西太原南郊金胜村的唐墓中,墓室东壁南端有一女子着"散点朵花纹"裙;在陕西唐节愍太子墓的第二过洞东壁上,有一女子披"散点朵花纹"披锦。类似的图案在不同地区都被广泛采用,可见该纹样形式在唐代十分流行。

墓室壁画中的"散点朵花纹"表现生硬刻板,平面化的趋向明显。相比而言,敦煌壁画中对该纹样的描绘显得和谐而优美。如初唐第335窟西壁龛内南侧的牢度叉斗圣变中,挥袖挡风的外道信女服饰中的散点朵花纹,上衣为白色圆点内蓝色点心,下裙为绿色圆点,图案按人物乳圆体丰的体型而随身圆转。

与墓室壁画相比,敦煌壁画的绘制工序也更为复杂和精密。如初唐第220窟南壁的阿弥陀经变中,菩萨的锦裙、覆膊衣、帔巾中"散点朵花纹"的形式、色彩各不相同,朵花因服饰底色的不同而发生变化,这是画工预先精心设计的结果,形成了层次丰富、整体协调的装饰效果。

除了中原的墓室壁画,在同时期的绘画作品中也可以见到"散点朵花纹"。如现藏于新疆博物馆的一幅绢画中的仕女,圆领蓝印花长袍上亦装饰"散点朵花纹",纹样的表现形式与敦煌壁画中的极为相似,细致而精美。这也说明了敦煌壁画与绘画一样是让人长时间、反复进行观看而绘制的。

相比于绘画作品,敦煌图案表现的更具想象力,整体的设计感也更强。

首先,画工对织物材料的表现相当大胆,"散点朵花纹"往往绘制在绢、纱、罗等轻薄织物上。如初唐第321窟主室说法图东壁菩萨的裙子上,花纹密布于透明的白纱上。

其次,敦煌图案中的"散点朵花纹"也总能与不同款式的服装相得益彰。如初唐第372窟南壁阿弥陀经变中菩萨的紧腿长裤上,纹样规整紧凑的排列形成了实体感。

再次,"散点朵花纹"还能依据周围的环境来调整圆点的色彩。如盛唐第23窟西壁龛内南侧,菩萨的帔巾中的"散点朵花纹"与菩萨的璎珞的颜色一致,二者交相呼应。

可见,画工根据人物服饰的样式、配饰的色彩等因素来变化纹样的尺寸和颜色,而这只有通过预先的设计才能完成,同时某类纹样的绘制可能由某位画工专门负责。所以，即便是形式简单的图案，也表现出均匀、规整和华丽的艺术效果。

（2）"散点朵花纹"的衍生体系

上述研究已表明壁画中的"散点朵花纹"均出自手绘，它相比于染织艺术中的图案形式更富于变化，画工通常通过变化笔触、增加线条来衍生出不同的纹样形式，如图4-3-a1中所示，"散点朵花纹"衍生出了四种形式相似的纹样。

图4-3-a1（笔者绘）

画工再根据这些衍生出来的新形式继续进行变化和衍生。笔者以唐、五代、宋时期敦煌壁画中的地毯图案为例，发现衍生出的纹样沿着各自特点又可以生发出一系列的新形式，这主要有以下三种不同的图案系列。

第一种，图案尽量保持朵花的原貌，只通过变化花心和花叶的笔触、大小和方向来形成新纹样，如图4-3-a2所示，衍生出形式相似的这五种"散点朵花纹"；

中唐第158窟　晚唐第12窟　五代第61窟　五代第379窟　五代第224窟

图4-3-a2（笔者绘）

第二种，图案向规律化、几何化的方向发展，如图4-3-a3中的六种"几何朵花纹"，形成一种新的装饰风格；

图4-3-a3（笔者绘）

第三种，画工更强调写实性，如图4-3-a4中的四种写生朵花，这种变化形式最终向折枝花的方向发展而去。

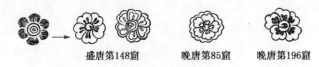

图4-3-a4（笔者绘）

这些不同的纹样系列都是在一个较为简单的纹样基础上进行变化而得来的，这些简单的纹样又是基于形式更为简单的"散点朵花纹"，这些简单的纹样可以成为母题纹样。那些形式各异的纹样形式是在母题纹样的基础上进行变形、添加等艺术处理后得到的，所有不同系列的纹样之间又存在一定的相似性。

2）画工对复杂织物图案的转换——以"联珠纹""团窠宝花纹"为例

除上述较为简单的图案形式外，敦煌图案中还有很多形式复杂的装饰图案，如隋代大量出现的"联珠纹样"和唐代的典型纹样"团窠联珠纹"（后演变为"团窠宝花纹"）。许多文化信息都储存在这些图案之中。

通过观察这两种纹样形式，我们可以了解不同纹样之间的承袭关系和演变脉络；我们可以发现当客观形势与人的精神状态发生改变时,艺术形式会如何发展,并促成一般样式的形成。

在这样一个过程中,画工的创作已不再是再现生活,更主要的是依靠从经验积累的诀窍与技巧进行创作,而其工作形式也从个体创作为主转向了通过计划、成规来协调众多力量的集体创作。

(1)联珠纹

在中国西北丝绸之路沿线出土了大量公元 5 世纪以后的织锦,如新疆吐鲁番墓葬和青海都兰吐蕃墓葬。这些出土的织锦中联珠纹锦的数量极为丰富,联珠环内的主题纹样包括狮子、大象、羚羊、天马、含绶鸟、鹿、鸭、孔雀、猪头等;也有人物,如牵驼"胡王"、狩猎骑士、对饮胡人;还有宗教图像,如乘马车的太阳神等。

这种大量包含着异域风格的动物、人物乃至神祇图像的联珠纹锦,无论它们是直接来自西亚的波斯或中亚的粟特地区,或是中国工匠按照西方图案仿制的结果,又或是粟特人在中国本土所制造,都说明这种纹样形式备受当时西北中国民众的喜爱。

在敦煌藏经洞中也出土了联珠纹样的经帙和画幡,如现藏于大英博物馆的唐代茶色联珠对鸟纹锦和盛唐时期的红地联珠对羊纹锦幡头残片。环形联珠纹是这两片出土织物中纹样的主要骨架。

除出土的联珠纹锦外,在敦煌石窟中以绘画形式表现的联珠纹样比比皆是,特别是敦煌隋代洞窟中,如第 420 窟、402 窟、401 窟、277 窟、427 窟、424 窟、62 窟、63 窟、278 窟、280 窟、282 窟、388 窟、389 窟、390 窟、394 窟、397 窟、398 窟、380 窟、311 窟、312 窟、404 窟、406 窟、407 窟、403 窟、410

窟、244窟等，都有联珠纹的装饰。①

我们已经知道，联珠纹样的文化特征可以追溯到波斯和粟特文化，笔者在上一章中已说明这可能是粟特籍画工直接参与敦煌石窟营建的结果。这种具有很强异域风格的联珠纹样从粟特向东传时，逐渐被佛教艺术吸收，特别是进入敦煌这个佛教发达的地区后，联珠纹不仅用来装饰佛教的主体神像，如佛或菩萨的服饰；它还扩展到了壁画和建筑中的其他部分，如壁画中的帷帐、建筑沿饰等，它们体量巨大、形式多样。

壁画中的联珠纹样，最早见于北齐（公元571年）徐显秀墓中，② 在墓室壁画中主要出现了两种形式的联珠纹，一种是以佛像头做主题的联珠纹，还有一种是对狮或对鹿纹的联珠纹。

徐显秀墓中的联珠纹样描绘粗疏，动物特征极不明显，即便是只在侍女裙裾上也找不到完全相同的两个单元纹样。敦煌壁画和彩塑中的联珠纹样，描绘精致，形式生动，如隋第420窟西壁龛内胁侍菩萨的长裙上绘有青地白珠的"联珠狩猎纹"，每个单位联珠环内绘一名身穿翻领（或圆领）小袖长袍的骑象武士回身打击扑来的猛虎。

隋代第427窟中心柱南侧的彩塑菩萨着"菱形联珠狮凤纹"僧祇支，菱形联珠的骨架内填饰狮、凤，规整而细致；在隋第492、419、240等窟的佛和菩萨的衣裙上，分别绘有"联珠翼马纹""联珠棋格团花纹""联珠翼马狩猎纹"等不同纹样形式。

---

① 敦煌文物研究所. 敦煌莫高窟内容总录. 北京：文物出版社，1982；姜伯勤. 敦煌吐鲁番与丝绸之路. 北京：文物出版社，1994：77-80.
② 赵丰. 中国丝绸艺术史. 北京：文物出版社，2005：143-144.

敦煌的联珠纹相比于出土的织锦和其他绘画形式，呈现出异彩纷呈的装饰效果。联珠环骨架既有菱形、棋格形，也有圆形；联珠环内的主题纹样既有狮、凤和翼马，还有骑象武士回身狩猛虎的场景。可见联珠纹在当时的敦煌艺术创作中的风靡程度，而精细规整的描绘和多姿多彩的形式，也可以看出画工描绘联珠纹的熟练程度。

（2）不同制作工艺比较

织物中的联珠纹样形式与敦煌壁画中的纹样形式有着密切的关联。1972年新疆吐鲁番阿斯塔纳151号墓出土了一件唐代"联珠对翼马纹"的残覆面，织物残长为19.6厘米，宽为14.5厘米，纹样的排列格式不清，但在《中国纹样史》中刊布了该织物的复原结构图。

这与敦煌隋第277窟西壁龛口的"联珠对翼马纹"的形式几乎完全一致，每个联珠环内饰两匹相对而立的翼马，联珠环之间相切，并填饰花叶纹。

出土织物中的纹样形式几乎是对单元纹样的完美复制，由于织锦图案是由两个最基本的单元——经、纬纱线按照精确计算后的点阵排列组合而成，这就要求织工必须提前对织物图案进行计划和安排，定出合理的生产工艺流程；织机的规则运动支配了纹样规矩的形式和排列结构，而使得织锦图案具有了规整性和精确重复性的特征。一旦备好用于织花的织机开始生产后，从头至尾，一步紧接一步，几乎不可能再做出改变。

相比于这种完全彻底的机械化的生产方式，敦煌壁画中的纹样是画工主观处理的结果，画工在绘制过程中不断地对画面进行调整和完善。壁画中的联珠环不仅大小和间距不等，而且联珠环也极不规整，环内的翼马形象更是有大有小。在纹样中还能看出很多画工反复涂改和笔误的痕迹，这也说明这一时期的绘制方法和程序都不够完善。

1959年新疆阿斯塔纳332号墓出土一片茶地"联珠鸟纹"锦覆面残片。这种纹样形式与敦煌中唐第361窟西龛内的平棊图案中的"雁衔珠串联珠纹"的形式极为相似。

出土织锦中鸟的形象多以长直线表现，鸟颈、翅膀等转角弧度略显生硬。纺织工对于图案形式和色彩的感受，不是出于本能而是得之于专业的技术培训，图案所呈现的是技工基于这个二进制系统的精确计算。

在壁画中，画工多用小弧线来表现鸟的形象，画工在借用织物中的艺术形式时，开始有心与实物不符，自主进行创作。同时，单位纹样之间的相似性增强了，联珠环中还有用"规"预先勾画联珠和圆环的痕迹，整体图案显得规整雅致。这说明这一时期的绘制方法逐渐规范化。

不同制作工艺中的技术因素随着时间开始退居到次要地位，画工的主观处理更多地体现为"将正确的模仿过渡到了美妙的创作"，并逐渐开始对绘画程序和方法进行规范化和完善化。这些都意味着敦煌工匠们又前进了一步。

(3) 联珠纹的转换

自隋代之后敦煌联珠纹的形式开始发生变化，首先是联珠环内的主题纹样由早期的大象、狮凤、翼马等形式置换为凤鸟、花卉等为广大民众所喜闻乐见的形式；联珠纹样的骨架由早期的圆形、菱形、棋格形逐渐统一为圆形。

敦煌中唐第158窟西壁的"雁衔珠串联珠纹"，在环形联珠内画雁衔珠串，联珠环外填饰花瓣。图案中的联珠环已开始变小，并与花卉纹样结合形成团窠。这种由联珠环和花卉的结合形式，是敦煌画工在借鉴西方新颖艺术形式后，开始将这种外来的艺术形式"国产化"的一种表现。

联珠环和花卉的结合形成一种新纹样——"联珠小团花纹"，联珠环不再起骨架的作用，而作为装饰花瓣来使用。这种纹样频繁地出现在服饰图案中，如敦煌晚唐第196窟西壁"风吹魔女"图中，魔女的上衣都绘有不同颜色的"联珠小团花纹"；在敦煌藏经洞出土的唐末至五代时期的纸画"水月观音像"中，观音的锦裙也为此纹样。[①] 自此，带有异域色彩的联珠纹也开始在敦煌壁画中呈衰退趋势，而经过改造的中国化的团花纹逐渐占据主流。

这种此消彼长的趋势也体现在染织艺术中，如吐鲁番阿斯塔纳出土的唐代的"联珠小团花纹"锦，新疆博物馆藏的唐代"联珠小团花纹"锦，联珠与十字形花结合，圆环和十字形花都是为广大民众所喜闻乐见的形式。与这一趋势相适应的是，这一时期不同领域中的图案形式都在进行"国产化"的进程，在陕西懿德太子墓彩绘武士俑身上也大量出现形式相似的"联珠小团花纹"。[②]

古代匠师在新思想的引进与融合的过程中，基于不同民族审美习惯的不同，做出了因地制宜的变化和调整，引起了图案形式的变迁和艺术风格的变化。这种新风格最终形成大范围的文化

---

① 纵53.3厘米，横37.2厘米，现藏于法国吉美博物馆。
② 袁宣萍，赵丰. 中国丝绸文化史. 济南：山东美术出版社，2009：119.

认同。

画工在这个"国产化"的过程中，逐渐培养了自身成熟的审美意识与艺术形式，最终创作出了与本民族精神品格相对应的图案形式，即唐代的典型纹样"团窠宝花纹"。

"团窠宝花纹"在敦煌唐代时期的壁画和塑像中大量出现。如敦煌中唐第159窟西龛内北侧的菩萨锦裙中的"团窠宝花纹"，描绘精细、色彩绚丽；晚唐第196窟佛坛北侧的菩萨锦裙和莲座上的"团窠宝花纹"，纹样结构复杂，画工按叠压和褶裥处的起伏变化来进行填画，可见画工高超的绘制技巧。

这一时期"团窠宝花纹"大行其道，它不仅成为服饰图案的主要装饰题材，还不断扩展到壁画和建筑的沿饰当中，这是从属性的艺术形式力求与当时主导性的艺术形式相协调的结果。如中唐第159窟西壁龛顶的平棋图案中，棋格框架内的莲华纹都变为了"团窠宝花纹"。

"团窠宝花纹"不仅出现在唐代几乎所有的洞窟内，而且还作为主要的装饰图案使用，这对敦煌装饰图案体系产生了重要影响。中国中古时期出现的这次规模强大的艺术浪潮，表现出了更为深层的文化内涵，敦煌画工在将外来艺术形式本土化和艺术化的过程中，不仅主动在文化层面上进行灵活的调整，而且在对不同文化的接触与比较中，逐渐建立起了对本土文化的价值认同，形成了与本土相匹配的艺术风格。

(4)"团窠宝花纹"的衍生体系

敦煌图案中表现出的这种灵活多变的能力，在图案的具体绘制方法上也得到了充分的体现。唐代最具代表性的"团窠宝花纹"（又称"宝相花"），通常以庞大的整体效果与繁复的细节刻画震撼人心，图案的自调整能力显得极为强劲。

笔者对唐、五代、宋时期敦煌壁画中的 127 幅地毯图案进行整理后发现，不同形式的团窠宝花都是由一系列相对固定的基本构件组合而成的，笔者将这些基本构件整理成表 4-3 - A。

表 4-3 - A

	桃形瓣		三曲云瓣
	圆叶瓣		云曲瓣
	外卷对勾		圆叶卷云瓣
	内卷对勾		椭圆内卷对勾云瓣
	上连勾		三曲内卷对勾云瓣
	下连勾		

由表 4-3 - A 可知，敦煌壁画中异彩纷呈的团窠宝花的基本构件其实是相当有限的，它们虽然形式简单、数量有限，但却包含了极其丰富的变形能力。基本构件主要通过变化花瓣弧度和卷曲度，来生发出大量不同的形状；各种基本构件和生发后的新形状又可以随意组合，来形成形式各异的装饰单元。因此，表格中的这些基本构件具有统辖所有形式的能力。

在组合这些基本构件时，因比例、大小、形状、位置等关系的不同而形成不同装饰单元纹样，具体的例子可以参见图 4-3 - a5。

不同的装饰母题又可以再与其他构件继续组合，形成层次更

盛唐第148窟　　中唐第201窟　　晚唐第9窟　　五代第98窟

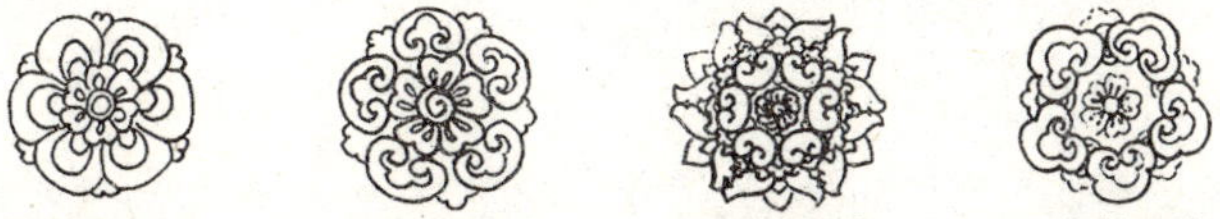

图 4-3 - a5（笔者绘）

加复杂的图案形式；装饰单元与基本构件之间相互配合，形成结构繁复的"团窠宝花纹"。

基本构件的这种随意组合性极大地启发了画工的创造性，画工在具体绘制时，纹样的比例和尺寸既可以无穷大，也可以无穷小，如图 4-3 - a6 中由朵花组成的单元纹样。在盛唐第 148 窟西壁中三个装饰单元随棺椁形状的变化而变化，"团窠宝花纹"具有相当的伸缩性。

晚唐第401窟

图 4-3 - a6（笔者绘）

画工在用基本构件组合装饰单元时，会将经反复艺术加工后的艺术样式固定下来，如图 4-3 - a5 中的中唐 201 窟的装饰单元与图 4-3 - a7 中的五代的四个装饰单元的形式相似。画工用正视的朵花和侧视的花瓣交相辉映，营造出一个精巧而规范的固定格式。这在敦煌不同时期的洞窟中都被广泛采用，如中唐第

五代第98窟　　　　五代第224窟

图 4-3 - a7（笔者绘）

159窟西壁龛顶和龛内北侧菩萨的锦裙中、晚唐第196窟佛坛北侧菩萨锦裙和莲座上，都采用了这种形式的"团窠宝花纹"。

就基本构件所组成的装饰单元来看，由于基本构件小巧，画工基本用短细线描绘，这样就很容易保持整体单元纹样线条的粗细和弧度的高度一致性，而富于变化的组合形式又能抵消手绘所带来的差异。这样就使得不同水平的画工能同时参加绘制，不仅保证了纹样的质量，而且还提高了绘制速度。

3）纹样的排列结构

图案的排列总是被既定的规则和惯例所限制，特别是在边饰纹样和大面积展开的纹样形式中，画工总是遵循着固定的格式。这是将图案的绘制方法不断规范化的过程，也体现了人类对理性和秩序感的追求与向往。

（1）二方连续纹样

在敦煌不同边饰纹样中，画工都依据严格的布局规则来排列单元纹样，如图4-3-a8中，画工依据三种不同的排列骨架，对不同的单元纹样进行简单的循环排列，形成风格各异的边饰纹样。在这些不同的排列骨架中，有两种最常见的骨架形式，即"一整

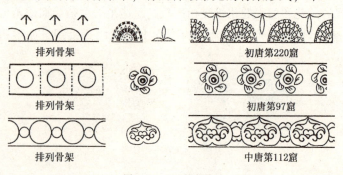

图4-3-a8（笔者绘）

二破式"和"半对半式",它们结构简单、规律性强。这两种骨架形式在敦煌的不同时期、不同洞窟、不同装饰部位中一直被反复使用。

"一整二破式"的基本结构如图4-3－a9所示,画工将一个装饰单元纹样或整或半地间隔开来,形成了连续延伸的带状纹样;如图4-3－a9中四种不同的单元纹样依"一整二破式"的结构进行布局,呈现出不同的装饰效果。

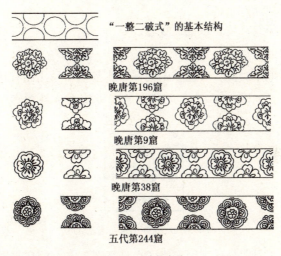

图4-3－a9(笔者绘)

"半对半式"的基本结构如图4-3－a10所示,对半的装饰单元间错开来,画工将两个不同的装饰单元对半间隔排列,如图4-3－a10中初唐第220窟的边饰纹样;有时也直接将同一个装饰单元对半排列,如五代第61、98窟中的边饰纹样。

这两种排列结构简单,但却取得了丰富的视觉效果,如盛唐第103窟西壁龛顶的"一整二破式"的边饰纹样,画工通过变换

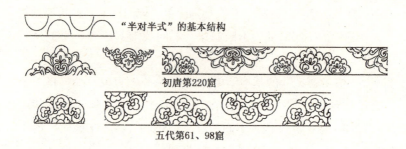

图4-3-a10(笔者绘)

色彩后,使纹样显得华丽而规整。

(2) 四方连续纹样

在敦煌壁画中,大面积的纹样形式都基本采用四方连续式的排列结构,如图4-3-a11所示。笔者以壁画地毯图案中的毯心

图4-3-a11 排列结构(笔者绘)

纹样为例,来考察这种固定格式在进行上下左右的反复循环时有着怎样的特点。

在图4-3-a12中有两幅毯心图案,它们因朵花的大小和表现手法的不同,呈现出截然不同的装饰效果。

在图4-3-a13中,呈四方连续式排列的毯心图案与"半对半式"或"一整二破式"的边饰纹样相结合,形成了层次更加复杂的图案形式。这时的图案更像是由数学关系将各部分联合后

4　法度别裁——设计制度视角下的设计实践　　177

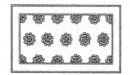 

图 4-3 - a12（笔者绘）

的整体，绘制图案的每个环节都是可以控制的，图案的绘制已成为一种流水线式的绘制过程。

在这个流水线式的绘制过程中，单元纹样的数目、大小、位置等的组合关系被不断完善和固化。画工能够很快地抓住种种细微的层次和关系，如宋第207窟窟顶的"团窠宝花纹"坡面，图案向更加精致化的方向发展。

 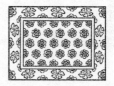

图 4-3 - a13（笔者绘）

无论是以二方连续排列的边饰纹样，还是以四方连续排列的大面积的纹样，其排列结构都是经简单数学推理的结果。这种简单的结构易于掌握，即便画工在绘制时出现微小的个人失误，也能被多层次的排列结构所消除。这就使得画工在掌握这种固定的组合规律后，很快就能进入绘制流水线，即便是一个新手，从他工作之初起就已能承担很重要的任务了。

正如盛唐第113窟窟顶藻井的"桃形瓣团花纹"，方井内的团花以八瓣桃形瓣联成环状，中心绘一小朵莲华，边饰以百花草纹和"半对半"莲华为主纹样。画工通过纹样之间的变换和组合，营造出一种异乎寻常的刺激，令人惊奇赞叹，目眩神迷。

这已远远区别于南北朝时期那种不同水平的画工参加绘制时留下的风格和艺术水准迥异的画面（可参见笔者在《敦煌故事画构图》一节中所举出的北周第428窟萨埵太子本生故事。在该壁画中，来自不同地区、具有不同技术水平的画工都参加了故事画的绘制，他们各自的特点和风格在画面中表现得相当明显）。

4）"适合纹样"的设计

敦煌画工普遍的劳动状态是每天都要无数次地描绘同类纹样，这样的工作就给予他们以精确造型的能力。当一个画工的绘画技术达到相当水平时，他就能够依据装饰位置来对纹样的题材、比例关系、繁简程度等做出相得益彰的调整。这种使纹样形式和装饰部位之间达到高度和谐的纹样形式就是所谓的"适合纹样"。

如图4-3-a14中唐第201窟北壁舞伎身下的地毯图案，画工对转角处角隅纹样的设计，显示出画工精确控制大量线条的能力。"适合纹样"的创作要求画工具备丰富的经验和出色的创造力、想象力，更是对画工的美感和技巧的考验。

图4-3-a14（笔者绘）

在敦煌彩塑天王像中那层层叠叠的铠甲内，绘有异常精彩的"适合纹样"。如盛唐第46窟西龛内北侧的北方多闻天王塑像，两裆铠中的团窠宝花纹样、腰间的蔓草纹样以及铠甲下摆边缘的花草角隅纹样，这应该是画工预先根据铠甲的形制而专门设计绘制的。

盛唐第194窟西壁龛内北侧的天王塑像，顶盔掼甲，雄壮魁梧，特别是手臂上的蔓草纹的排列结构与兽头状的覆膊交相呼应，这显然也是经过了专门的设计。更为精彩的是铠甲中的蔓草纹刻画精美，特别是龛内南侧的天王塑像，画工在两裆铠间绘青、绿色石榴蔓草纹，蔓草依形对称布局，疏密变化有致。

石榴蔓草纹中盘绕卷曲的蔓草需要画工具备精确控制大量线条的能力，画工或简化省略，或夸张添加，他们根据装饰需要来处理这些线条，体现出高超的应变能力和高度的艺术素养。

画工还根据铠甲、战袍的具体结构来选择不同的纹样题材。如晚唐第196窟天王塑像背面，甲衣上对称的"团窠宝花纹"和腰间一半"团窠宝花纹"，画工尽量保持着纹样的完整性，画工总是能够将纹样匀整地填充在各种既定形状内。

晚唐第12窟前室西壁北侧的天王像，天王戴盔披甲，征衣锦绣，两裆铠前绘对称兽纹，腰部由盘绕的三组蔓草纹组成，战袍的领口、袍边、裤沿等部位，均饰以"一整二破式"朵花纹。多种题材和多种结构的纹样形式和谐、统一地出现在同一画像当中。

铠甲不同部位采用不同的纹样题材和排列形式、这应该是画工预先设计的结果，可能是富有经验的画工进行提前布局和设计，再由其他普通画工进行描画，画工按照上节中提出的基本构件和排列结构的数理推演方法来进行填绘。

早在北齐娄叡墓中就出现了头戴鱼鳞金盔,身穿鱼鳞明光铠的镇墓武士俑。[①] 1972年吐鲁番阿斯塔纳230号、187号墓出土,现藏于新疆维吾尔自治区博物馆的唐代的三件彩俑,[②] 武士头戴兜鍪,身穿长及膝部的铠甲,这应该为武士平时服饰和侍卫服饰。在吐鲁番西州时期的地方部队也穿这种军服。[③]

唐代更是十分重视铠甲的制作,据《唐六典》记载,骑兵使用的铠甲多达十三种。[④] 无论是出土的俑还是古文献中的记载,都远不及敦煌匠师们表现的铠甲丰富和精美。敦煌工匠们进行了大胆的艺术想象和艺术加工,敦煌图案是富于想象和创造的绘画艺术。

敦煌图案的规整、精美与繁复中都表现出内在的一致性,这是由一套全面、复杂、成熟的绘制过程所决定的。"适合纹样"的绘制和设计很可能是由某位(或某组)技术精湛的画工独立完成的,他(或他们)应该是具有一定地位的画工,虽然目前还没有发现相关的记载。

由本书第三章《敦煌的画院制度》第一节可知,画工的级别具体包括"都画院使、知画院使、知画手、押衙、都画匠、师、匠、生"等等,可见壁画的绘制工作已不再是单个画工的个人创作,而是整个画工集团的分工合作。敦煌图案可以说也是组

[①] 镇墓武士俑,高63.5厘米。
[②] 随葬仪仗俑,高33厘米。
[③] 新疆维吾尔自治区博物馆. 古代西域服饰撷萃. 北京:文物出版社,2010:104.
[④] 沈从文. 中国古代服饰研究. 北京:商务印书馆,2011:409-412.

织严密、科学的体制的和谐之美。

敦煌图案也是由众多的力量协调而成的结果,若没有严密的组织机构,如此精彩的图案的实现是不可能的。这样我们就很容易理解,在天王铠甲中既有适合分布的卷草纹,也有对称布局的团窠纹,还有带状分布的多花纹,它们应当是由技术级别较高的画工统一设计和布局后,再由其他画工按既定方法和规则一一填画。

4.3.3 敦煌图案的自调整机制

敦煌图案远比出土的织物图案要丰富得多,正确的模仿并非艺术的目的,敦煌画工对各种技巧工艺、材料特征等的把握到达一定程度后,自然而然开始了自由而鲜明的创作。中央美术学院的许平先生曾提出过一个概念,即"自调整机制"的概念,我以为用这一概念正可说明敦煌画工的创作方式与特征。[①]

所谓"自调整机制",主要表现为一种强烈的自我调节能力和罕见的适应能力与再生能力。敦煌图案艺术在借鉴其他艺术形式时不仅充分表现出这些能力,还在不同时期生发出不同的特点。这是敦煌艺术形成其永恒而独特魅力的重要基础。为了叙述的方便,笔者将敦煌的"自调整机制"划分为三个时期,即生发期、繁盛期和衰退期。下文分别述之。

1)生发期

在敦煌图案的绘制之始,画工遵循着所谓"移情"的理念,对当时流行的染织艺术图案进行借鉴和模仿,其忠实的表现程度

---

① 许平. 视野与边界. 南京:江苏美术出版社,2004:176.

不但到家，甚至过分，以至于创作出了逼真到极点的织物图案。

自唐代开始，画工开始注重模仿织物图案内部的逻辑结构，即组成装饰单元的基本构件以及不同装饰单元之间的排列关系。如现藏于日本正仓院的唐代"赤地宝相花纹锦"幡头和"红地宝相花纹锦"，织物图案中的基本构件和装饰母题与上述表4-3-A和图4-3-a13中的形式都极为相似。

唐代茶色彩绘宝相花绢，其排列结构与图4-3-a10中初唐第220窟边饰排列结构极为接近，其装饰单元也高度相似。

不同制作工艺中的技术因素随着时间开始退居到次要地位，画工通过记录图案的比例、结构与组织配合关系，开始自如地对纹样进行变化和衍生，画工逐渐离开了现实生活的模型，依靠从经验中搜集来的诀窍来进行绘制，图案绘制过程从逼真的模仿过渡到了美妙的创作。这是画工在艺术创作过程中生成的"自调整机制"，它逐渐显现出强大的适应性和生命力。模仿现实总是被动的、滞后的、受限制的，当佛教信仰已经在敦煌广泛普及，佛教的艺术家迫不及待地挣脱现实的束缚，利用长年积累下来的经验将敦煌石窟变成了新艺术语言的实验厂。主动的、自由的、独特的、超前或者最起码与现实平行的艺术形象成为敦煌画工所追求的目标与创作的动力。

2）繁盛期

我们应当首先了解，"自调整机制"具有强大的文化再生能力。敦煌图案中的"联珠纹""联珠小花纹""团窠宝花纹"之间明确的承袭关系和清晰的演变脉络，是由于"自调整机制"在文化层面上表现出不断地调整与再适应能力。当时客观形势与人的精神状态的更新，不仅引起画工在艺术形式上的不断突破，而且还创造出来一系列适合当时当地人民的生活、风俗和观念的艺术样式。

这种基于不同民族的审美习惯，因地制宜地解构又重构而成的艺术风格，创作出了与本民族精神品格相对应的图案形式，逐渐建立起对本土文化的价值认同。这不仅对敦煌装饰图案体系产生了重要影响，更对整个敦煌石窟艺术所形成的文化认同具有重要的作用。

中国中古时期出现的这次规模强大的艺术浪潮，是敦煌画工在将外来艺术形式本土化和艺术化的过程中，主动在文化层面上进行灵活的调整而形成的。"自调整机制"表现出了更为深层的文化内涵。

对于敦煌图案来说，"自调整机制"的基础与源泉在很大程度上是来自当时的生活方式和染织技术。

在敦煌藏经洞发现了9种属于中亚系统的织锦，目前通过技术分析，其中的几个类型可以较为明确地断定为粟特锦。在敦煌文书中有关于胡锦、番锦的记载，赵丰先生根据敦煌文书中对于织物规格和幅宽的记载，认为胡锦的规格与中原生产的织物相同，它们很有可能就是在中原地区生产的，或是在与中原地区有着密切联系的地方生产的织锦。[①] 这些中亚系统的织锦，极有可能是生活在中原的西域织工，或是直接由中原织工仿造的。但是纬锦是西方的传统，这种制锦技术相对于其他染织工艺更为费工和耗时，每一道工序都涉及精密的技术和十分细致的劳作。

我国自古以来习惯用经线色彩的变化来显花，其原因可能与

[①] 赵丰. 敦煌丝绸与丝绸之路. 北京：中华书局，2009：215–221.

各自惯用的纺织原料与制造机构有关。这种来自中亚的新的织造技术在更深层面影响了中原地区，使中国传统以不同色彩的经线表面换层为表现手法的织锦技术向纬线提花方向发展。① 这种变化要求中原织工必须与中亚织工保持一个长时间的、密切的接触与交往才能完成和实现。

中原的织工逐渐掌握了纬线起花的加工技巧，很快纬线起花技术成熟并初露锋芒。这标志着染织工艺发展的巅峰即将来临，一个纬锦的时代就要到来。纬锦的出现又使提花技术发生重要变革，随着制作技术的革新又带来了装饰风格的变化，这样，织物图案所携带和包纳的文化传统又会将广大地区居民的精神聚集到一起。这一切是整个造物艺术不断调整与充实的历史进程中的重要一环。

更为重要的是，"自调整机制"还具有深刻的社会意义。当画工的创造方式转为依靠技巧、计划来进行创作时，装饰单元的基本构件不但通过自我衍生可以获得，而且一切均通过简单的数理推演便能迅速掌握。这使得绘制方法被量化为通过不同构件和工序相配合的逻辑过程，并形成一个标准化、流水线式的工作程序。

这种流水线式的绘制程序，允许技能和经验悬殊的画工同时参与图案绘制，同时还可以保证大批量、高水平的绘制工作的顺利完成，个人经验逐渐转向集体经验；同时，画工将复杂的图案形式简化为易于把握的形式构件。这让画工处在一个不容易犯错的工作环境中，促使画工萌发出强烈的参与意识，而且保证图案

---

① 袁宣萍，赵丰. 中国丝绸文化史. 济南：山东美术出版社，2009：108，87-90.

之间的高度相似性。所以，这一时期的装饰图案不仅保持在相当高的艺术水准之上，而且从服饰延伸到建筑等各个领域。

种类如此繁多的图案形式不可能各自为政，它们必须和谐搭配、有效组合，而这只有通过严密的组织和协调才能使绘画的各部门之间形成有条不紊的立体系统。显然，整个敦煌壁画的绘制是由一个有体系的、完善的组织机构来组织完成的。它确保了绘画过程中材料的配给、人员的统辖、合理的绘制过程以及各部门之间的密切联系等关键问题能够得到有效解决。敦煌的"自调整机制"终于将敦煌的艺术创作整合成一个体系庞大且运行良好的立体网络。

3）衰退期

到了晚唐至五代、宋时期，这种"自调整机制"开始被当时归义军政权的"画院制度"所代替（详见本书第三章《敦煌的画院制度》）。

"画院制度"虽然可以保障工作的顺利完成，但它却将人天生的自由创造力加以限制和削弱。画工与其说是在创作，还不如说是在完成定量的机械的工作。画工不再有表达个人思想和情感的机会和冲动，他们在专业技巧高于一切的情形下进行工作，艺术样式往往由权威性的"画院"来统一制定，以前不同的生动的艺术形式逐渐凝结成一种规范性类型。这使艺术形式变得标准化，然而却毫无活力。

"自调整机制"被如此制度化之后，逐渐呈现可以预料的衰微迹象。

5 天工开物——敦煌绘作制度

本章立足于图像观察,并参照不同时期考古和历史研究成果,整理出敦煌石窟群在营建过程中工匠的组织管理机构的基本形态,了解工匠的基本的工作方式和生存状况以及工匠间的社会关系,进而总结出敦煌绘作制度的具体形态和基本特征,理清敦煌绘作制度对敦煌艺术体系的影响。

5.1 敦煌绘作制度的定义及特点

5.1.1 敦煌绘作制度的存在形态

在敦煌石窟中,无论是敦煌莫高窟、安西榆林窟,还是西千佛洞,石窟在崖面上的排列显得集中而规范,并形成一个个的"时代区域"。这充分说明古代工匠们是在一个高度组织化和秩序化的环境下完成石窟营建的。本节通过对敦煌莫高窟、安西榆林窟、西千佛洞的石窟在崖面上的布局情况,进行整体的观察和对比,来了解当时敦煌绘作制度与石窟营建之间的具体关系。

1) 敦煌莫高窟

敦煌莫高窟开凿于鸣沙山最东麓的断崖上,崖面朝东,崖体南北长约1 500米、高10—40米不等,分南北两区,南区长约1 000米,北区约500米。南区集中保存了壁画和彩塑,本节集中讨论莫高窟南区的石窟分布情况。

根据孙毅华先生所绘制的敦煌北凉时期的崖面图,可见,除了崖面上最早出现的前凉第489窟外,北凉时期的洞窟都集中于崖面中层。在本书第一章第一节中已经指出,图中的北凉第268、272、275三个洞窟的建筑形制、壁画和彩塑是按这三个窟的不同作用来分别设计和制作的,属于一次性完成的一组佛教建筑群体。这也充分说明北凉时期石窟的营建是由一支经验丰富、技术成熟的营建队伍完成的。

到了北魏、北周时期,莫高窟的开凿以北凉时期的石窟为中心,开始不断地向南北两边扩展。北魏时期石窟开始向南北两边分别延伸;北周时期的石窟集中于北边,最终形成了石窟分布层次有序的崖面效果。这也是当时营建者统一规划后的结果。

自隋代开始,莫高窟开始了大规模的营建。由崖面分布可见,石窟主要向北拓展,隋代洞窟呈上下两层水平排列,形成了颇具规模的崖面,这一时期共营建近90个洞窟。在崖面上完成如此巨量,却排列有序的洞窟的开凿,不仅要有专业的营建队伍,还要对崖面预先进行规划和设计。

这种以前代洞窟为基准,不断进行延伸拓展的营建模式影响了以后历代石窟的开凿顺序。笔者根据现敦煌研究院保护研究所孙儒僴先生所绘制的莫高窟立面图,又参照马德先生所整理的

《敦煌莫高窟历代洞窟营造统计表》,① 用不同的颜色分别标示出唐代、吐蕃、张氏归义军、曹氏归义军时期所营建的洞窟位置,形成图 5-1-1 和 5-1-2。

如图 5-1-1 中所示,自唐代开始,洞窟开始向北、南两边同时拓展,使得窟群崖面延长至 850 米。从图中崖面的使用情况看,洞窟形成了上、中、下三层的基本格局,洞窟之间或紧密相连,或填补前代洞窟间的缝隙。尽管在这一时期,幕僚和民众也积极参与到石窟的营建中,但从排列有序的石窟分布看,这不可能是民众随意、自主地在崖面上开窟的结果。

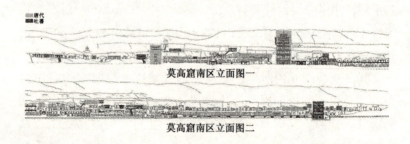

图 5-1-1　（孙儒僩绘,笔者加绘）

到公元 8 世纪后期,崖面上已有 300 多个洞窟,完成如此规模的营建,如此秩序化石窟的布局,都说明即便是在莫高窟造窟最多的时代,石窟的开凿仍是由专业化的营建队伍来负责完成的,他们在一定的"法则"下进行开凿。如在图 5-1-1,莫高窟南区立面图一中,向南新开拓出的窟群中,石窟分布主要是在南北大像之间进行有规律的布局。吐蕃时期的开凿,仍

---

① 马德. 敦煌莫高窟史研究. 兰州:甘肃教育出版社,1996:365-371.

然沿用唐代的开凿模式。

在图 5-1-2 中所示，在张氏归义军时期，张氏家族新建的窟龛近 80 座，洞窟主要分布在崖面的顶层、底层和南北两头，这形成了今天所见的莫高窟南区窟群崖面的规模。到了曹氏归义军时期，由于莫高窟南区崖面上的洞窟已基本饱和，所以主要是在崖面中部和上下两层进行插建。至此，莫高窟大规模的营建活动基本结束。

图 5-1-2　（孙儒僩绘，笔者加绘）

从莫高窟崖面的整体使用情况来看，各个时代在崖面上形成了一个个的"时代区域"，如图 5-1-3 所示。这是由于后代总是以先代所开洞窟为中心，向崖面的左右两边或上下进行扩展，即便是在同一个时期内，石窟的开凿也是按顺序进行开凿的，不能超越，这成为历代石窟开凿的潜在的、既定的"法则"。这种"法则"具有如此强大的执行力，敦煌历代都以此为标准，形成了今天我们所见的富有章法的崖面布局。

这是由于敦煌地区的最高行政长官、大德高僧几乎都无一例外地亲自主持营建工作。他们的积极提倡和参与，使各个时期的行政制度、社会意识形态等成为营建"法则"执行力的有力保证，即便是在民众参与意识高涨的唐代，这种"法则"依然是被当时社会所共同认可的一种规范。所以，敦煌绘作制度是在石窟营建过程中自发形成的、具有执行力的一种非正式的规范、习惯等。

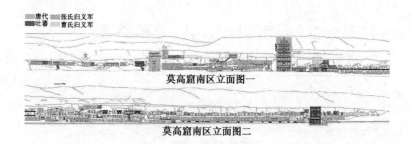

图 5-1-3　　（孙儒僩绘，笔者加绘）

2）安西榆林窟与西千佛洞

（1）安西榆林窟

安西榆林窟位于今安西县西南 75 千米处的踏实河东西两岸的断崖上，现存石窟 41 个，东岸共有 30 个窟，西岸 11 个窟。笔者根据霍熙亮先生编的《榆林窟、西千佛洞内容总录》中对洞窟的详细记载，整理出榆林窟历代洞窟营建统计表 5-1-A。

表 5-1-A　敦煌榆林窟历代洞窟营建统计表

时代	创建洞窟
唐代	5、6、17、20、21、22、23、24、26、28、34、35、36、38、39、42
中唐	15、25

5 天工开物——敦煌绘作制度　191

续　表

时代	创建洞窟
晚唐	30
五代、宋时期	12、13、14、16、18、19、31、32、33、41
西夏	2、3、10、29
元代	4、27
清代	1、7、8、9、11、37

由表5-1-A可见，安西榆林窟的营建主要集中于唐代、五代、宋和清代。笔者根据敦煌研究院保护研究所的孙儒僩先生所绘榆林窟的崖体立面图，将表格中所出现的石窟逐一用颜色标注出来，如图5-1-4所示。从图中可见，榆林窟与莫高窟一样，也遵循着石窟分布"法则"，后代所开洞窟也以前代洞窟为中心，进行了拓展与延伸，各个时代也在崖面上形成了一个个的"时代区域"。

榆林窟东崖立面图

图5-1-4　（孙儒僩绘，笔者加绘）

唐代和五代、宋时期是榆林窟发展的重要时期，笔者将这两个时期内,在榆林窟的东、西崖上的石窟分别用不同颜色进行标注,如图 5-1-5 所示。在同一时期内的石窟布局规整、紧密相连,分别形成了连续不断的石窟群。由第三章《敦煌的画院制度》一节可知,在五代时期的曹氏画院下,曹氏家族在安西榆林窟共新建和重修 28 个洞窟,[①] 在莫高窟新建 30 多个洞窟,[②] 工匠们是同时受命于沙州莫高窟和瓜州榆林窟的营建工作。

从榆林窟唐代的崖面使用状况来看,自营建之始的唐代,榆林窟就是一场规模浩大的、统一规划的集体作业,并初步形成了现榆林窟的主体。这应该与五代时期一样,工匠们同时负责莫高窟和榆林窟的营建工作。

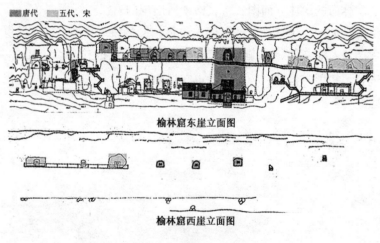

图 5-1-5 （孙儒僩绘,笔者加绘）

---

① 段文杰.榆林窟的壁画艺术//敦煌研究院.安西榆林窟.北京:文物出版社,2012:167.
② 马德.敦煌莫高窟史研究.兰州:甘肃教育出版社,1996:113.

段文杰先生以榆林第12、16、19、25、32、33、34、35、39等窟为例,与同时代莫高窟的若干洞窟进行比较后发现,榆林窟内所表现的佛教思想、壁画内容、表现形式等方面,均与莫高窟一致。[1] 这充分说明了在榆林窟的营建过程中,不仅开窟队伍,甚至画工、塑匠也是与莫高窟共有的。

(2) 西千佛洞

西千佛洞位于今敦煌城西南约30千米的公路两侧。石窟范围东起南湖店,绵延约2.5千米,西至今党河水库以东8千米处。所有的窟龛,全部开凿在高约20米的党河北岸崖壁上。西千佛洞现存的窟龛大体分布在三个区段内,其主体部分,即第1—19窟,位于整个窟区的西端,东端是第21、22窟,在东西两个区段之间的党河北岸是第20窟。[2]

笔者根据霍熙亮先生编的《榆林窟、西千佛洞内容总录》中对洞窟的详细记载,整理出西千佛洞历代洞窟营建统计表5-2-B。

表5-2-B 敦煌西千佛窟历代洞窟营建统计表

时代	创建洞窟
北魏	7、21、22
西魏	9
北周	8、11、12、13

---

[1] 段文杰. 榆林窟的壁画艺术//敦煌研究院. 安西榆林窟. 北京:文物出版社,2012:175.

[2] 张学荣,何静珍. 西千佛洞概说//敦煌研究院. 安西榆林窟. 北京:文物出版社,2012:177.

续　表

时代	创建洞窟
隋代	4、10、15
唐代	3、5、14
中唐	18
晚唐	6、16、17
五代、宋	1、19
回鹘	2
元代	20

由表5-2-B可知，西千佛洞自北魏开始，历经各个朝代的延续修建。但目前由于崖面的许多地段都已坍塌，原来究竟有多少洞窟，现已无从考察。

张学荣、何静珍先生将现存的西千佛洞第7、8、9、10、11、12、18、19、20等窟，与同时期莫高窟诸窟进行比较后发现，它们在艺术形式、表现内容、布局格式等方面都与莫高窟有极高的相似性。[1] 那么，莫高窟的工匠们还很可能参与了西千佛洞的营建工作。

敦煌石窟具体包括莫高窟、榆林窟、西千佛洞、东千佛洞、水峡口千佛洞、五个庙石窟等，这些大大小小的石窟群均在艺术形式、壁画内容、佛教思想等方面，都与莫高窟有着极高的相似性。它们之间互相补充，相得益彰，形成了一个以莫高窟为首的完整的艺术体系。

---

[1] 张学荣，何静珍. 西千佛洞概说//敦煌研究院. 安西榆林窟. 北京：文物出版社，2012：177-187.

敦煌石窟群之间的这种高度相似性和整体性，要求有一个规模庞大的，成熟、高效、完备的营建团体，工匠们不仅负责莫高窟的营建工作，还要负责以莫高窟为中心的其他石窟的营建工作。莫高窟自营建之初，就有一支富有经验的营建队伍，特别是在敦煌早期，行政首脑的积极参与和倡导，保证了工匠水平、数量以及组织管理模式都处于一个较高的水准之上，这为后代的开凿工作奠定了一个坚实的基础。

莫高窟距榆林窟还有相当的距离，但是榆林窟自唐代开窟以来，就遵循着莫高窟的石窟分布"法则"，在建筑形制、壁画内容、表现技法等方面都与莫高窟有着高度一致性，工匠同时受命于不同地方的营建工作。要保证如此远距离的人员组织和调度、资金分配、统一制作等，这只有依附于当时的官府行政制度才能完成。而历代敦煌石窟群的营建工作，都是在当时的行政首脑和寺院高僧的直接领导下进行的，这为石窟营建提供了一个秩序化、系统化、组织化的营建环境。

莫高窟在隋代短短的近 40 年中，平均每年开凿近两个洞窟。[①] 唐代是在莫高窟造窟最多的时代，在莫高窟开凿 300 多个洞窟，在榆林窟开窟就近 20 个，这都奠定了莫高窟和榆林窟的基本规模。同时，巨型佛像的营建，更是要有丰富的物质和文化基础为前提。所以，敦煌石窟的营建始终是依附于不同时期的社会经济体系和寺院经济体系的。

所以，敦煌绘作制度是一种有效的、具有执行力的协调保证机制，自始至终敦煌绘作制度都是镶嵌在不同时期的经济、文

---

① 马德. 敦煌莫高窟史研究. 兰州：甘肃教育出版社，1996：73.

化、政治形态这一构架之中的。它保证了各项工作的有序展开和顺利进行，还确立了各项营建工作的基本模式，培养了一批成熟、完备、高效的营建队伍。敦煌绘作制度是在敦煌石窟的营建过程中自发形成的一种统一的规范、惯例和法则。它是一种由社会所认可的、非正式的制度形式，并由当时的行政制度、社会意识形态等赋予了其有效的执行力。

直至五代、宋时期，曹氏政权的强势形成了画院制度，代替了这种非正式的、非实体性的制度形式。画院制度作为当时的一种具有强制执行力的实体性机构，它集中了当时大量的人力与资源，在莫高窟、榆林窟创建与重修的洞窟达七十余窟,[①] 使得这一时期的石窟形制和壁画风格都呈现出统一模式。

5.1.2 自调整机制

敦煌绘作制度作为各项工作顺利展开的有效保障机制，它又是富有能动性的。在本书第四章第三节《图案设计》中，笔者借用了中央美术学院许平教授所提出的"自调整机制"一词，来描述图案中的"联珠纹""联珠小花纹""团窠宝花纹"之间的承袭关系，也就是由于客观形势与人的精神状态的更新，画工能动地创造出一系列适合当时当地人民的生活、风俗和观念的艺术样式的过程。这时，敦煌绘作制度作为顺利开展各项工作的有效的保障机制，又转化为一种"自调整机制"。

[①] 段文杰. 榆林窟的壁画艺术//敦煌研究院. 安西榆林窟. 北京：文物出版社，2012：167.

"自调整机制"不仅存在于壁画创作中,同样也存在于石窟形制、壁画布局等方面。如北朝时期洞窟的典型形制是中心塔柱式,这类洞窟一般不太大,面积通常在 50 平方米左右。主体壁画常绘于人字坡下的山墙部分以及与之相邻近的南北壁,壁画内容主要是佛说法图、本生的故事等。往后的回行道处,由于光线渐暗,壁前又没有开阔的地面,所以一般只绘大面积千佛图像。①

隋唐以后,取消了中心塔柱,代之以覆斗式窟,信徒们不再进行绕塔回行的礼仪,只聚集作一般的供奉礼拜活动。② 开敞宽阔的窟室,使得窟内四壁前面都有足够的观赏距离,各壁都可以安排规模宏大、构图复杂的经变画。

五代、宋初时期,在继承覆斗式窟形制的基础上,形成了一种新的窟型——背屏式窟;背屏式窟比覆斗式窟大很多,有的面积可达 200 平方米左右,靠近后壁都有背屏。③

由上可知,在不同历史时期占主导地位的洞窟建筑形制各不相同,中心塔柱式洞窟作为印度支提(Chaitya)窟的一种类型,自隋唐开始,这种需要戒行礼拜的中心塔柱式已不适应新的要求,工匠们基于本民族的审美习惯,创作出了与本民族精神品格相对应的建筑形式,壁画布局、绘制题材也因地制宜地发生变化。

这是古代工匠们在新思想的引进与融合的过程中,基于不同民族审美习惯的不同,做出了因地制宜的变化和调整,也是敦煌

---

① 萧默. 敦煌建筑研究. 北京:机械工业出版社,2002:315.
② 萧默. 敦煌建筑研究. 北京:机械工业出版社,2002:315-317.
③ 萧默. 敦煌建筑研究. 北京:机械工业出版社,2002:328.

绘作制度的灵活调整能力的显现。敦煌绘作制度随着历史因素、文化发展等主动地作出改革，使得不同的艺术形式逐步地国产化和本土化。在这个过程中，工匠们逐渐培养了自身成熟的审美意识与艺术形式，引起了艺术形式和风格的变化。这种新风格最终形成大范围的文化认同。这不仅对敦煌艺术体系产生了重要影响，更对整个敦煌石窟艺术所形成的文化认同具有重要的作用。

5.2 敦煌绘作制度的内容和意义

5.2.1 敦煌绘作制度的具体内容

1) 敦煌绘作制度下的工匠制度

在本书第二章《敦煌的工匠制度》一节中已指出，在北周时期就已出现了都料、博士、匠、生的基本等级结构，工匠的技术级别可以随着技术的精进而得到提升。

在公元 930 年左右的敦煌文书 P. 3302v《河西都僧统宕泉建龛上梁文》、P. 2049v2《净土寺入破历》和 P. 3490 中，都记有一位康博士，[①] 由于敦煌文献所记古代工匠之名十分有限，所以此康博士应当是同一个人。在年代更晚一点的敦煌文书 P. 2032v 和 P. 3763v 中，共有三处记有一位康都料，马德先生推测此康博士与康都料应为同一人。

---

① P. 2049v2 末有题记"长兴二年（公元 931 年）辛卯岁正月"；P. 3490 有"辛巳年"记载，被认为是公元 921 年，参见唐耕耦，陆宏基. 敦煌社会经济文献真迹释录. 北京：书目文献出版社，1990（3）.

在敦煌文书S. 4899中记有一位"塑匠赵僧子",时间稍晚一点的敦煌文书P. 3964中有"塑匠都料赵僧子",他们也应当是同一个人。文书中的康博士和赵僧子,都是凭自己精湛的技术,由一般工匠一步步地提升,最终成为都料级的高级匠师,并受到官府和僧团的重用。

工匠从少年时代就开始从事技术劳动,等取得都料级别的资格时,他们的平均年龄也应该在40岁以上。[①] 这是一个相当漫长的过程,说明工匠在这种等级结构中非常敏感于同僚的态度,他们不仅要争取他人的认同,还要塑造良好的自我形象,这是不断在人际互动之间塑造个人的过程。

敦煌文书P. 2002v是画工们进行设计、练习起草一些人物画的底稿集。该画稿的时间范围是在盛唐至归义军时期之间。从画稿中的人物头像和不同人物姿态可知,这是当时画工们反复利用纸张来推敲绘画技术。表明了画工对绘画语言的探索。中唐第468窟西壁龛下的女供养人像与该画稿中的人物形象非常相似,这说明画工很可能以优秀的壁画为样本,反复进行临摹。

敦煌文书P. 4518草图中的人物头像,明显是当时画工的练习草稿,这与五代第61窟东壁南侧女供养人像有很多相似之处,画工很可能以此为标准和样本进行练习,特别是对眼睛部分的刻画,反复练习。

无论画工是以壁画为摹本进行练习,还是自己反复推敲与钻研,最终应当是由具有威望的、技术成熟的工匠作出评定标准。

---

① 详见本书第二章《敦煌的工匠制度》第一节。

普通画工如果想要取得一定的技术级别，就要对已有的规范体系和绘制标准认可，这又成为约束或指引工匠们行为的标准。画工技术级别提升的过程，也是画工逐渐获得社会风俗、习惯与规范的过程，这是社会化过程中对工匠的成功内化。敦煌的工匠制度是敦煌绘作制度内化的表现。

在不同团体、不同行业内，工匠间的这种固定的等级结构普遍存在，在父子关系中也存在这样的等级结构。如莫高窟晚唐第196窟题记中有同为纸匠的都料和匠人，"故父纸匠都料何员住一心供养""故弟子纸匠何员定一心供养"，他们之间应为父子关系。这种固定的等级结构，方便了不同行业之间的协作与交流，使得各行间形成了共有的价值与规范体系。

2) 早期敦煌绘作制度的组织结构

在本书第三章中指出，敦煌在五代、宋时期，主要由曹氏画院负责工匠的组织与石窟的营建工作。这种标准化的设计行为与体系化的管理模式，就是敦煌绘作制度的具体体现；政府通过强势的干预，将这种绘作制度的内在法则外化为实体性的画院制度。

曹氏画院具体包括官府画院、官府作坊、民间画行三个互为补充的机构，这应是对前代已有的管理模式的沿用和拓展。在曹氏画院设立之前，敦煌无疑是存在专业的管理机构的，这一点在五代、宋以前的壁画中也得到了反映。如张氏归义军时期，晚唐第156窟南壁的思益梵天问经变中的舞乐场景，不同人物面部具有高度的相似性，在表现技巧、设色方式等方面都与五代时期的石窟有很多相似性。这说明在晚唐时期就已有规范性的组织结构集体对工匠进行技术培训。

中唐第 154 窟北壁的报恩经变中的舞乐场景，不同场景、不同人物之间的高度相似性，说明这是在画工集体培训后，以流水式作业完成的壁画。另外，敦煌出土的中唐时期的画稿 S. painting83、P. 3998《金光明最胜王经变稿》，是目前为止所见最早的壁画底稿。由此可见，这一时期的画工已经广泛使用预先设计好的画稿，同时，画稿中的文字说明也显示出，在当时画工组织内部已经确立了等级制度①。这说明在中唐时期已有相当成熟的画工团体。

日本学者邓健吾先生在考察敦煌中唐时期的塑像时指出："造像不多，但不乏优秀的作品，大概是因为在匠师中还有些保持着优良传统的团体。"② 这说明在塑匠中存在着团队组织，而且这种团队在中唐以前就已存在，而中唐时期的绘画、塑像、石窟形制均是对盛唐时期的沿用和模仿，所以，最晚至盛唐应该就有专业的制作团体。

史苇湘先生通过图像比较的方式，将盛唐时期壁画中的菩萨与世俗人的服饰进行互换，发现菩萨与世俗人在形象上具有高度一致性。这说明画工要么是使用了相同的画稿来绘制不同的造像，要么是由于制作同一批画稿的工匠具有相同的审美观和绘画技法，③ 这只有在集体团队内才能实现。

另外，根据本书第四章中《造像中模制工匠的应用》一节可知，在整铺圆塑的制作中，也是由多个塑匠互相配合、流水式

---

① 沙武田. 敦煌画稿研究. 北京：民族出版社，2006：582-587.
② ［日］邓健吾. 敦煌莫高窟彩塑的发展//敦煌文物研究所. 中国石窟·敦煌莫高窟（第三卷）. 北京：文物出版社，1987：208-210.
③ 史苇湘. 敦煌历史与莫高窟艺术研究. 兰州：甘肃教育出版社，514-520.

作业完成的,由此可知,在塑匠中无疑是存在专业团队的。那么,可以肯定,在盛唐时期已存在专业化的绘画和塑像团队。再根据盛唐时期石窟的崖面分布情况来看,这一时期巨量的洞窟都以秩序化的方式布局排列,石窟的开凿是由专业化的营建队伍来负责完成的。所以,在盛唐时期,从石窟开凿,到壁画塑像的制作,都有相应的专业团队来分工负责。

北周第296窟的建塔图和建屋图、隋代第302窟人字坡顶的《福田经变》中的伐木建塔图等,都说明当时在不同行业中,工匠们都有等级结构,他们之间相互配合来完成具体工作(详见本书第二章《敦煌的工匠制度》)。在初唐第321窟的建房图中,房顶上的一名工匠抹泥,另一位为其送料;屋下一位工匠正往墙壁上上泥,身后也有一位供料者。这应该是对系统化的、流水式的工作方式的沿用。这必须是在一个有组织的团体中才能实现。

综上所述,敦煌自北周开始,就应该有了专业化的制作团体出现。正是这些大大小小的制作团体才使得各项营建工作都能按计划和要求顺利完成。这些团体应该都是在官府和寺院的主导下的,它们又因营建工作的不同而规模各异,不同的团体内都有具体的工作要求和质量标准,工匠们也都共同遵守办事的规程,这进一步规范和影响了工匠的行为。

还需要注意的是,自8世纪以后行会在各省的发展都很繁荣,同时在敦煌文献中也出现了有关私人手工业作坊的有关记载。这都说明在唐代敦煌已经出现了手工业行会的专门组织。另据姜伯勤先生研究,敦煌民间手工业中各"行"的建置可以上溯到盛唐时期。① 所以，在唐代敦煌，"行"的组织形式是十分普遍和完善的。在敦煌石窟营建中也应该有民间"行"的参与。工匠们以"行"的形式的集结，与在官府和寺院主导下的团体相比，会更加自由、灵活和机动。

无论是官府和寺院主导的制作团体，还是民间各"行"，这些团体内的工匠之间所达成的共识就成为处理问题的既定原则；这些原则随时代发展和营建工作的深入，又逐渐形成了与一定历史条件下的政治、经济、文化等方面相匹配的习俗、惯例等规范。这使工匠们的营建环境越来越秩序化，奠定了五代时期在曹氏画院制度中，分属官、私不同系统的官府画院、官府作坊、民间画行的基本格局。

5.2.2 敦煌绘作制度下的工作方式

1) 绘制方法的演变——以千佛的绘制为例

在敦煌壁画的绘制过程中，在不同时期工匠所采用的方法各不相同。本节以壁画中千佛的绘制方法为例，来观察绘制方法的演变过程。在敦煌早期，千佛的绘制主要采用通壁打比例格的方式，具体表现为：

首先，画工用朱红色墨线弹出数条纵横相交的长直线，形成一张网状比例格。其次，画工以佛像的头光、身光、头部、颈部、肩部、手部、莲座等关键位置为定点，在比例格内填画出千佛的基本尺寸和比例关系。接着，画工直接用笔勾出佛像的基本

---

① 姜伯勤. 敦煌艺术宗教与礼乐文明：敦煌心史散论. 北京：中国社会科学出版社，1996：13-22.

轮廓。最后，进行敷彩和矫正，并完成榜题的题写。

到了唐代，千佛的绘制方法进一步简化，像早期那样精确的比例格已经消失，画工主要靠大小两个交叠的圆形来确定佛像的基本比例结构，如图5-2-1所示，画工在大小二圆的基础上确定出佛像的头光与背光的位置，之后便直接起笔勾画，并完成敷彩。如初唐第117窟窟顶的千佛像，在佛像的莲座上我们还能看到画工当时直接起笔点彩的痕迹。

这种绘制方法更加自由和快捷，但难以保证千佛像间精确的相似性。千佛的尺寸也明显减小，唐代千佛尺寸介于4厘米×5厘米—14厘米×22厘米之间，北朝和隋代的千佛大多介于8厘米×14厘米—16厘米×33厘米之间。① 小尺寸的佛像更便于画工控制佛像间的相似性。

到了五代、宋时期，画工采用了刺孔粉本复制法来绘制千佛，具体为：首先，画工借用几条坐标线确定出要绘佛像的大体位置；其次，画工将刺孔粉本扑粉上壁；最后，画工完成勾画和填色。在敦煌藏经洞出土一件刺孔粉本，其佛像的华盖、手印、袈裟、莲华座等，都与曹氏归义军时期的千佛形象相似，这可能就是

图5-2-1（笔者绘）

当时用来绘制这一时期千佛像的一件粉本。画工为了使千佛像富有变化，有时会在一窟，甚至一坡中同时使用好几种粉本。②

---

① 梁晓鹏. 敦煌莫高窟千佛图像研究. 北京：民族出版社，2006：111.
② ［美］胡素馨. 敦煌的粉本和壁画之间的关系//敦煌研究院. 一九九四年敦煌学国际学术研讨会论文提要. 敦煌：敦煌研究院，1994（8）；沙武田. 敦煌画稿研究. 北京：民族出版社，2006：265-266.

归义军时期的千佛尺寸大约在 22 厘米×35 厘米—38 厘米×63 厘米之间,① 是历代千佛像中尺寸最大的。这可能是因为大尺寸的粉本,在上壁扑粉后更容易留下线条的痕迹,这也保证了造型的准确性,所以这一时期的千佛像体现出更加规范化的效果。

省时方便的刺孔粉本复制法在经变画的绘制中也被广泛采用。如藏经洞出土的 S. painting72（Ch. 00159）刺孔粉本,② 人物造像及背景画法细致复杂。

到回鹘和西夏时期,千佛像由窟顶移向四壁,甚至出现了整窟全是千佛像的情况。千佛形象较大,千佛的手印、袈裟、身光纹样等与归义军时期一些大窟窟顶千佛画完全一样,③ 如莫高窟第 16、233、94、152、256、246 等窟。这说明仍在沿用归义军时期的绘制方法。

由此可见,壁画绘制方法从早期的网状比例格,到大小二圆,再到刺孔粉本,画工们不断地对绘制方法进行着简化；技术因素随着时间开始退居到次要地位,画工更注重方法的有效性,为容纳多个不同水准的画工同时作业提供了可能。

2）绘制程序的变化

由于绘制方法的简单化,工匠的技术要求被降低,这为允许技能和经验悬殊的工匠同时参与制作提供了前提。据本书第四章第三节《图案设计》可知,画工在进行图案创作时,将复杂的

---

① 梁晓鹏. 敦煌莫高窟千佛图像研究. 北京：民族出版社,2006：111.
② 该粉本宽 79 厘米,长 141 厘米。画面右面部分一佛一弟子一菩萨像全为墨绘,左面部分一弟子一菩萨像纯为针孔线,说明是先画好右面部分,然后沿中线折叠,用针孔打出左面部分而成,这是一种简便的刺孔粉本的制作方法//沙武田. 敦煌画稿研究. 北京：民族出版社,2006：258.
③ 沙武田. 敦煌画稿研究. 北京：民族出版社,2006：266-268.

图案形式转换为一种易于把握的形式构件,将图案的大小、位置等组合关系演变为一种简单的数学关系。这样整个绘制过程就被量化为通过不同构件和工序相配合的逻辑过程,形成了一个标准化、流水线式的绘制程序。

这种工作方式同样也出现在塑像制作中,如本书第四章第二节《造像中模制工具的应用》所指出,工匠们将塑像头部和易损部位通过模具来预制,加快了制作塑像的进度,促使塑像制作的标准化和专门化,使得制作程序越来越复杂。

所以,无论是壁画绘制还是塑像制作,都向标准化、流水式发展。这种通过投入人的聪明才智与劳动的方法,不仅加快了制作塑像的进度,而且还将自然资源的消耗降低到了最低程度。这已完全区别于由个人一步步单独完成的"贯彻始终"的创作和制作。这种由若干专业工匠共同协作的工作方式,是基于制作过程的协调顺畅和进程安排的紧密有效基础上的。

这种工作方式又维系了一个有组织的、稳定的社会结构。在这个社会结构中,壁画绘制和塑像制作都被量化为通过不同构件和工序相配合的逻辑过程,每个工作环节都成为可以控制的,制作流程也逐渐被固定和完善,形成了一个模式化和制度化的制作过程。

制作过程的模式化和制度化,是在个体工匠之间长时段的互动中形成的。专业化的分工与合作,使得工匠彼此之间社会性的接触和互动日益频繁,人们相互间便发生了一定的联系和关系。这成为工匠之间发生作用的无形锁链,使得不同行业内的小团体内通过相互间的互动与交流,形成了一个大规模的立体网络,这就成为工匠间共享信息和创意的有效传播途径。当一种有效的绘制方法出现后，会立即被应用到其他门类的壁画绘制中。

这是将不同种类的各组的小规模的制作流程整合成了一个体系庞大且运行良好的立体网络，艺术创作者们镶嵌于这张立体网络之中，敦煌绘作制度又镶嵌在这种正在运作的社会关系系统之中；它使个人经验逐渐转向集体经验，使得个人行为加总而成为集体行为，使得小规模的互动透过网络转变为大规模的结构形态。

5.2.3 敦煌绘作制度的不同发展阶段

通过以上五章的书写，本文已整理出自公元 5 世纪至 10 世纪敦煌绘作制度所经历的几个主要发展阶段，具体如下：

1）探索性的早期

在敦煌早期，壁画的绘制方式既有精确的比例格绘制的千佛，也有用简单坐标线绘制的说法图，还有画工自主创作的故事画；工匠们既有西域工匠，又有中原名工，也有敦煌本地工匠；在艺术风格上，既有典型的西域样式，又有云冈、洛阳的中原风格，还有敦煌地方样式。在敦煌早期，绘画方式、制作体系、工匠构成、艺术风格等等都表现出多样化的特点。

早期佛教的影响也主要是在皇族和上层贵族中，在皇室的推崇下，佛教逐渐得到普遍的信仰。敦煌石窟的组织营建者、主要出资人、壁画设计者、预设观者等等，几乎都是由敦煌当时的最高行政首脑所把持，这与当时的文化背景密切相关。敦煌绘作制度在探索性的初期，只有镶嵌在当时的政治生态、意识形态这一构架之中，才能保证有效的执行力，才使得多样的制作体系、艺术风格、种族构成等，能够被协调和组织起来共同工作。这种单一化、自上而下的组织管理模式,奠定了石窟营建的基本模式和规范。

2)富有生命力的中期

隋唐时期,随着佛教信仰的广泛普及,敦煌的信仰者也更加多元。作为石窟营建的出资者,既有官宦、世家大族、商贾、高僧,也有普通僧侣和普通百姓;工匠的种族构成更加复杂,既有来自中原佛教发达地区的名工巧匠,又有大量来自西域的工匠;工匠的组织机构既有官府和高僧领导下的制作团体,也有生机勃勃的民间各"行"。

但在这种更加多元多样化的交流过程中,绘制方法逐渐趋向单一,绘制程序逐渐复杂,逐步形成了稳定的工作体系;工匠的管理模式更加规范,个人行为成为集体行为。在这种稳定的、成熟的、体系化的绘作制度的保障下,壁画内容出现了新的变革,艺术技巧上有了重大发展。敦煌工匠们在把握事物的内部、外部的逻辑关系后,在对不同文化的接触与比较中,逐渐建立起了一个与本土文化相匹配的、自然的、朴素的逻辑形式。

3)行政化的晚期

五代、宋时期,敦煌曹氏政权实际上是一个独立的地方王国,曹氏所强势形成的画院制度,使得敦煌绘作制度实体化为一系列的管理机构。

艺术样式往往由权威性的"画院"来统一制定,以前不同的、生动的艺术形式逐渐凝结成一种规范性类型。"画院制度"虽然可以保障工作的顺利完成,但它却将人天生的自由创造力加以限制和削弱。画工与其说在创作,还不如说是在完成定量的机械性的工作。画工不再有表达个人思想和情感的机会和冲动,他们在专业技巧高于一切的情形下进行工作，这使艺术形式变得标准化，然而却毫无活力。

5.3 石窟营建过程的复原

洞窟的营建一般需要经过整理崖面、凿窟、绘制壁画塑像、修造并装饰窟檐或殿堂等程序。从有关洞窟营造工匠的记载可知，从事营造洞窟的劳动者有打窟人、上仰泥博士、画师、塑师、都料（木匠或泥匠）、木匠博士、泥匠博士等，他们分别负责各个阶段的营造工作。

5.3.1 开窟与窟内壁面整理

1）开窟工序

关于敦煌洞窟的具体开凿程序，文献中没有记载，但根据石质情况和某些窟形的现状，可以推测出古代工匠们开凿石窟的基本施工步骤，具体如下：在有经验的工匠预先设计好洞窟的建筑形制后，工匠们首先开凿窟门及甬道部分；接着，开始向斜上方开凿，直至完成窟顶的藻井部分；再次，扩大窟顶后再逐渐下挖成型；最后，凿出窟内佛龛。整个洞窟的开凿工作完成后，工匠再搭设脚手架修正墙面，进行抹泥、绘画、造像等装饰石窟的工序。一般大中型洞窟，应该都采用了这种下挖法。

莫高窟石质属酒泉砂砾岩，这种由砂石胶结而成的岩体看似酥松，实际相当坚硬，当时工匠们的开凿工具只是简单的铁錾子，如《张淮深造窟功德碑》中有："攒铁锤以扣石，架□錾以旁通。"《唐陇西李府君修功德碑记》:"奋锤聋壑,楬石聒山。"《翟家碑》:"于是錾锤竞奋,块圮磅轰,硗却聒山,宏开灵洞。"《阴处士修功德记》:"遂则贸良工,招锻匠。"① 这都说明古代工匠们,千余年来主要使用铁锤、钢錾这些简单工具,成就了几百个洞窟,其工作的艰苦,当可相见。

目前,我们在一些窟顶壁画的脱落处还能清晰地看到当时工匠一锤一錾开窟的痕迹。如五代第 256 窟西坡窟顶的壁画脱落处,可以看到当时留下的道道錾痕以及窟顶用土红色线弹出的中心线。②

在莫高窟崖壁上凿岩镌窟之工匠,即为打窟人。在敦煌文献中有大量关于打窟人的记载,具体如下:

"打窟人胡饼贰拾枚。

设打窟人细供拾伍分、贰胡饼。(P. 2641)

十五日,支打窟人上番胡饼二十枚,用面一斗、料油二升。

十七日,……支打窟人上番胡饼二十枚,用面一斗。

支打窟人上番料油二升、胡饼廿枚,用面一斗。(S. 1366)

十四日,支打窟人酒半瓮。(Dy. 001)"③

---

① 萧默. 敦煌建筑研究. 北京:机械工业出版社,2002:332-333.
② 敦煌研究院. 敦煌石窟全集 22 石窟建筑卷. 香港:商务印书馆(香港)有限公司,2000:159.
③ 马德. 敦煌工匠史料. 兰州:甘肃人民出版社,1997:66-67.

由上可知，打窟人作为开凿石窟的重要力量，每日的食物十分简单，更没有工价可言，但他们却承担着石窟开凿中最巨量的劳动。如晚唐第 94 窟的面积达 231 平方米，完成这样大的石窟，如果用五个壮丁劳动一天开凿 1 立方米计，估计需要近万个劳力；砾石岩 1 立方米重约 2.5 吨，总计重量约 4 575 吨。要把这些废料运离石窟一定的距离，按照一辆牛车一次装运 250 公斤，约需一万八千三百次才能运完。[①]

这就需要一个高度秩序化下的开凿环境和合理的分工与合作，才能保证造窟、清理、运石的工作顺序交接。在敦煌文书中有"社官知打窟都计料……"，[②]"都计料"相当于其他行业的都料，"知打窟都计料"很可能是负责工程的施工设计并组织和指挥施工。在中唐第 370 窟内的供养人题记中有"押衙知打窟……使□青□禄大夫……"，镌岩凿窟是一项大型工程，从事设计和组织工作的高级工匠是受到政府重视的。

在如此巨大工作量的要求下，工匠们寻找出最合理有效的开凿方式，当石窟中覆斗的前坡开好后，就形成了一定范围的工作面，可以容纳多个工匠同时进行；当窟顶全部开凿完成后，就转为向下层挖掘，这时由于脚下有岩体支撑，不需要搭设脚手架，就能完成开凿。他们是古代敦煌地方专门的一支施工队伍。

关于石窟开凿所用的时间问题，目前只有敦煌文书《张淮深碑》记载了开凿晚唐第 94 窟"是用宏开虚洞，三载功充"，可

---

① 敦煌研究院. 敦煌石窟全集 22　石窟建筑卷. 香港：商务印书馆（香港）有限公司，2000：211-215.
② 马德. 敦煌工匠史料. 兰州：甘肃人民出版社，1997：66-67.

知是用了三年的时间。① 但通常情况下，开凿石窟的时间要受当时用工数量、洞窟规模、窟主财力和势力、社会变迁等等各方面条件的制约，所以各窟所用的开窟时间也各不相同。马德先生指出，开凿一个中型洞窟大概需要三年的时间，巨型洞窟要经更长的时间，有的甚至要经过几十年。

2）壁画地仗的制作

开凿完洞窟后，工匠们接下来就要对窟内壁面上泥，完成壁画地仗的制作，这是绘制壁画之前的一道重要工序。敦煌的壁画地仗制作在不同时代表现各异。

在十六国、北魏时期，敦煌壁画地仗的制作比较简单，地仗由两层组成，厚约10—15毫米，两层均是用掺和了麦草的软泥涂抹，第一层主要是找平墙面，第二层是为了防止壁面出现收缩开裂，第二层也比较薄，将表层涂抹平整光洁后，便可以直接上壁作画了。

西魏和隋唐以后的地仗制作比较复杂，首先，工匠们制作一层草泥层，之后在草泥层上面抹一层厚约3—5毫米掺和麻丝混合物的细泥层；接着再涂抹一层用细泥掺和蒲绒的表面层，这就初步形成了具有韧性的地仗层。待地仗层彻底干后，在其表面刷一层极薄的白粉作为绘画用的底层。如盛唐第79窟的残破处，我们还可以看出壁画地仗层是由粗草泥层、细麻丝泥层、表面白粉层组成。

到了晚唐、五代时期，由于敦煌张氏及曹氏家族开始在敦煌莫高窟洞窟崖面上绘制壁画，壁画处于露天状态。因此，工匠们

---

① 萧默. 敦煌建筑研究. 北京：机械工业出版社，2002：332-333.

在西魏、隋唐地仗层的基础上，又在最表面多加了一层厚约2—3毫米的麻丝石灰浆层，并在里面掺入了少量的红土，所以这一时期的崖面壁画呈现出暖色调。在敦煌文书《乙卯年（公元979年）都头知军资库官张富高牒（麻支出状）并判凭》中有"天王堂及神堂上灰麻""楼上天王堂佛堂子上灰麻"，[1] 文中所说的"上灰麻"应该就是指在地仗最表层上麻丝石灰浆层。

石窟四壁及窟顶都要绘制壁画，都需要制作地仗，这就需要相当数量的工匠。在敦煌文献中出现了专门制作壁画地仗的工匠记载，如下所示：

"龙兴王仙泥匠（S. 0542）

泥匠张保盈麦（P. 2953v）

六日，……支托壁匠粗面贰䬪（S. 6185）

廿一日，出粟肆䬪，麦壹硕伍䬪，与王庶子仰泥手功（S. 6829v）

廿八日，支灰匠酒壹䬪（Dy. 0001）

……泥匠张留住窟上后件泥沙麻博士及沙弥食粟壹䬪，沽酒，修寺院日看泥匠博士用"[2]

文献中有泥匠、托壁匠、上仰泥匠、灰匠等，马德先生指出，泥匠和托壁匠主要负责壁画地仗的制作，上仰泥匠负责窟顶泥皮的敷抹工作，灰匠是制作壁面灰层地仗的白灰。[3] 这说明当

---

[1] 敦煌研究院. 敦煌石窟全集22 石窟建筑卷. 香港：商务印书馆（香港）有限公司, 2000：211-215；马德. 敦煌工匠史料. 兰州：甘肃人民出版社, 1997：16-22.

[2] 马德. 敦煌工匠史料. 兰州：甘肃人民出版社, 1997：59-61.

[3] 马德. 敦煌工匠史料. 兰州：甘肃人民出版社, 1997：16-22.

时专业化程度已相当高,每一泥层的制作都有专门的工匠负责,可见制作技术体系的完备。文中的"泥沙麻博士"说明即便是制作细泥,也有技术级别较高的专门人士负责,并在这一行业也存在明确的技术等级,这也再次证明,敦煌最晚至10世纪,已经有了专业化的分工和系统化的管理模式。

5.3.2 壁画与塑像的制作程序复原

在洞窟建筑形制开凿成功后,接下来便是更加费时费工的壁画绘制与塑像制作。从现存各时代的石窟看,壁画和塑像的制作一般多为系统化的集体作业,并且制作程序具有较为固定的模式,现将制作步骤复原如下。

1)壁画的绘制方法

(1)对洞窟壁画进行总体的布局与设计

洞窟壁画内容不仅包括洞窟前后室的四壁、窟顶的壁画绘制,还包括窟内泥塑和窟前窟檐的彩绘工作,画工在这些不同位置上绘制壁画时,首先要有总体的设计与规划方案,也就是对各壁的所绘内容和具体布局等方面进行预先设计。从目前洞窟的营建文书或发愿文写本来看,[①] 文中有关于窟内壁画和彩塑内容的详细记载,它们应该就是一个洞窟的总体设计方案。

设计方案除以上述文字形式出现外,还有的以示意图的形式出现。如敦煌文书S. 4193v号白描画稿,沙武田先生指出该画

---

① 如本书第三章第二节中所提到的敦煌文书P. 3262、P. 3781中所记载的第98窟内壁画的内容。

稿是洞窟壁画的设计草图，公维章先生进一步指出该画稿是第148窟的壁画结构布局草图。①

该白描画稿分上、中、下三部分，中部的平行单元格内用大小二圆表示佛像的身光与头光；下部画出了人物的头光、头部与身体的基本特征，画工用提示性的线条示意出了画面中各部分间的相互位置和关系。所以作为设计示意图的 S. 4193v 号白描画稿，是画工上壁绘制前的创作依据和参考。

对洞窟壁画进行总体的布局与设计的工作，将最终决定所表现的教义、壁画风格以及主要观看对象等重要事宜，所以这就要求画工必须有丰富的经验和相当高的社会地位，这样的画工很可能就是处于工匠最高管理层的"行首""知画院使"等。

（2）上壁起草稿

确定完壁画的基本布局后，画工通常以画稿为蓝本依样上壁绘制出粗样。如敦煌文书 S. painting76《维摩诘经变稿》，现已被确定为五代第98窟维摩诘经变的壁画底稿。该画稿的构图拥挤，人物细部不详细勾勒，这都说明该画稿是作为上壁作画的提示而存在的。

五代第98窟中的维摩诘经变，画幅上下高2.95米，南北宽12.65米，② 画面色彩丰富、人物表现精彩。这是画工们基于一幅比例准确的草稿上而进行的精彩描绘，所以起稿线必须是由具有一定绘画基础的画工绘制；特别是像这样一铺可容纳上百人、

---

① 沙武田. 敦煌画稿研究. 北京：民族出版社，2006：308-313；公维章. 涅槃、净土的殿堂——敦煌莫高窟148窟研究. http://d.wanfangdata.com.cn/Thesis_Y569379.aspx

② 沙武田. 敦煌画稿研究. 北京：民族出版社，2006：170.

有各种情节和建筑等复杂场面的经变画,是非常难以经营的,所以壁画的起稿线很可能就是由绘画经验丰富的都料或博士级的画工负责。

在敦煌早期窟室内还可以看见土红色或浅赭石的起稿线。如北魏西千佛洞第7窟西壁中,画工用土红色线勾画出了飞天的身段和动态。

敦煌自唐代以后不再用土红色起稿,而改为以淡墨起稿。如晚唐第9窟方柱西面的白描人物画,画工已能用墨线完整地表现出了人物动态、衣冠服饰。可见当时画工技术的高超,仅用线条就能传达出神形兼备的艺术形象。

(3)敷色

在高级画工完成起稿线后,还会在各自相应的位置上标好"色标",示意出各处将要上的颜色,在隋第421窟的壁画中就发现了这种色标。[①] 由本书第二章第1节"工匠的等级结构"可知,生、工、弟子是处于最底层且数量最多的画工,布色工作的技术要求低,但却十分耗时耗工,所以处于底层的的生、工、弟子级别的画工是这一工作的主要承担者。

在莫高窟前的遗址中还出土了唐代时期的陶制调色碗,红色调色碗口径8.5厘米,底径4厘米,高3厘米;绿色调色碗口径8.5厘米,底径4厘米,高4厘米。[②] 在莫高窟北区也出土了类

[①] 沙武田. 敦煌画稿研究. 北京:民族出版社,2006:582-587.
[②] 敦煌研究院. 敦煌石窟全集22 石窟建筑卷. 香港:商务印书馆(香港)有限公司,2000:211.

似形状的残瓷碗。① 这应该就是当时画工在给壁画敷色时所用的调色碗。

（4）定稿

待壁画绘制完成后，继续由绘制起稿线的高级画工用浓墨线画"定型线"和"提神线"，起到矫正形体和最后定稿的作用，如中唐第112窟南壁西侧金刚经变相中的比丘形象。

最后，由专门的书手负责壁画榜题的书写。壁画榜题有时是预留好位置和大小的。如盛唐第45窟南壁东侧的普门品变相中的三十三应身，榜题大小相等，并呈等间隔分布。榜题的位置，或是介于两个人物之间，或是在故事右侧，对画面起到了解释说明的作用。但也有些榜题并未预留好位置，而是书手最后直接上壁题写，这就影响了画面的完整性。

2）塑像制作程序复原

敦煌石窟中的塑像制作大多采用石胎泥塑和木胎泥塑两种。石胎泥塑主要用来制作石窟中的大型塑像。如莫高窟和榆林窟的大佛像、大涅槃像等，由于体型巨大，在开凿石窟时就按事先设计的尺度在崖体内预留大像的石胎，然后在石胎表面用草泥塑造成型②。本书主要讨论数量众多的木胎泥塑。

（1）骨架制作

在制作圆塑之前，工匠通常选用与所塑形象较接近的木料来制作出塑像的基本造型。小型的圆塑直接用木头削成人物的大体

---

① 彭金章，沙武田. 敦煌莫高窟北区洞窟清理发掘简报. 彭金章//敦煌莫高窟北区石窟研究. 兰州：甘肃教育出版社，2011.
② 敦煌研究院. 敦煌石窟全集22　石窟建筑卷. 香港：商务印书馆（香港）有限公司，2000：211-215.

结构，较大的塑像在选用适当的弯曲木料后再作修改。在盛唐第446窟西龛北侧的天王像的残躯中也能看到用于制作骨架的木材。

用圆木搭制骨架，骨架大致与塑像等高，主骨架基本是十字形或大字形，然后在横木两端联接手臂骨架，以确定头和肩膀的位置。在塑像骨架中的手臂部分，工匠以木胎包纱法来制作，工匠将圆木削成有榫的手臂形状后，在外面包上麻布，再加泥塑。用圆木搭制完骨架后，再根据形象的需要扎制用芨芨草或芦苇捆扎出的人物的基本动态。塑像的躯干及四肢的木骨架周围还要捆扎芦苇，使其大体成型。

较大或等身的塑像，其骨架要固定在背后的岩体上。固定方法是在岩体上凿一孔洞，预先埋入一根木料，以联接主骨架，防止塑像前倾倒塌。这样既能省泥还减轻了骨架的负重。小型塑像的木骨架则直接安装在一块厚重的木板上，待塑造好后再安装到位。在晚唐西千佛洞第16窟的塑像中，我们看到塑像残损的部分暴露出它的制作材料，即木胎上捆扎芨芨草，塑像底下的木桩已从地下拔起。

在绑扎好芦苇的躯干上敷草泥两三遍，分几次塑成粗坯，待稍干燥后，再用麻刀泥进行第一遍塑造，最后用掺有棉花的细泥精心塑造成型，[①] 在其干燥过程中需用塑刀反复按压收紧，这样塑像的躯干部分基本制作完成。细泥用澄板土、细砂、麻布、棉花等按比例制成细泥，以塑造人物表层及五官、衣褶。

---

① 敦煌研究院. 敦煌石窟全集22 石窟建筑卷. 香港：商务印书馆（香港）有限公司，2000：211-215.

从已残破的敦煌泥塑中可以看出，塑泥有明显的层次，每层表面都留有摸泥的指纹。如第205窟北侧唐代菩萨头部分层塑泥情况，这说明泥塑是分层敷泥的，并且每敷一层都不能过厚，而是待其水分适当挥发后再敷。这样完成的泥塑收缩小，不开裂，而且保存久远。

（2）局部制作

一尊塑像的面部特别重要，是艺术加工的重点所在。早期塑像的头部是分块模制后再进行拼接的，拼接塑形后再安装到塑像身上去。到了唐代出现了模塑成型的塑像面部，工匠制出头部的大体轮廓后再将预制好的脸模贴上，很快就可以成型。粘贴后工匠们再以手工作进一步加工，增加一些有意识的局部变化和修饰。

五代莫高窟第72窟南壁西侧上方《刘萨珂和尚因缘变相》中的《修塑大佛图》表现的是5位塑匠登上塔架奉安佛头的情景，立佛脚下还有一个拆换下来的佛头。高达二三十米的泥塑，不用木质骨架，而是在开凿洞窟时预留塑像石胎，然后在石胎上凿孔插桩，再于表层敷泥塑成。[①]

工匠还事先单独用枝条编好菩萨背光的大体形状，之后再抹泥彩绘，晾干后安置在塑像的背后。工匠还预制了手指、脚趾等易损部位。佩饰等细部采用了模印成型法。这加快了制作塑像的进度，也保证了塑像的质量。

---

① 孙纪元. 略论敦煌彩塑及其制作//敦煌文物研究所. 中国石窟·敦煌莫高窟（第三卷）. 北京：文物出版社，1987：193.

(3) 组装、敷彩

即先塑出大形后，再用捏、塑、贴、压、削、刻等手法塑出细部，待干燥后再装饰色彩，最后还要用点、染、刷、涂、描、贴等绘制技法表现。[①] 泥塑完毕即行敷彩，具体细致地描绘出塑像的胡子、铠甲、飘带等。最后的工序是着色上彩。早期塑像的着色比较简单，隋唐塑像的色彩渐趋富丽，盛唐塑像的衣着色彩十分鲜艳。[②]

3) 壁画与塑像的绘制时间

关于洞窟内壁画塑像的制作时间问题，目前尚未发现任何明确的记载。一般来说，壁画和塑像应是同步制作和完成的，所以我们主要通过讨论绘制壁画的时间，来理解塑像制作的时间。

从洞窟规模和营建背景等方面都难以说明一般窟内绘制壁画所需的时间问题，而且部分洞窟的壁画绘制又有一定的特殊性，特别是在莫高窟早期的一些洞窟，是先由僧人们凿好后，再分别由施主们出资雇请画匠制作，这样一来，洞窟从初建到最后全部完成的时间就拉得比较长，如北周第302窟；还有一种情况，有一些洞窟内壁画的绘制，因为社会动荡、变迁或窟主几易其人、中途废弃等，经历了几百年时间才最后完成，如386、205、216等窟。[③]

在壁画题记中出现的关于绘制时间的记载，或是仅记下了开

---

① 敦煌研究院. 敦煌石窟全集2 尊像画卷. 香港：商务印书馆（香港）有限公司，2000：5-9.
② 敦煌研究院. 敦煌石窟全集22 石窟建筑卷. 香港：商务印书馆（香港）有限公司，2000：211-215.
③ 马德. 敦煌莫高窟史研究. 兰州：甘肃教育出版社，1996：71.

始画窟的时间，又或只有绘制完成时的时间，① 只有榆林窟第 20 窟出现了完整记载壁画绘制时间的题记，具体如下：②

1. 雍熙伍年岁次戊子三月十五日，沙州押衙令狐信延下手

2. 画副监使窟，至五月卅日□具画此窟周□愿

3. 君王万岁，世界清平，田莹善熟，家□□□，□孙莫绝。值主

4. 窟岩长发大愿，莫断善心，坐处雍护，行□通达，莫遇灾

5. 难，见其窟岩也。

由文献可知，该窟营造于北宋雍熙五年（公元988年），该窟从三月十五日开始到五月三十日完成，共计两个半月。该窟的总面积（可供绘制壁画的壁面）近100平方米，据马德先生研究，此窟全部壁画出自令狐信延一人之手。③ 一位画工在两个半月内完成了一座中型洞窟的全部100平方米壁画的绘制工作，这

---

① 北周第430窟南壁上端图案纹样中题写："从六月一日"，画工仅记下可开始画窟的日期；第432窟前室顶部椽条间题写："贞观廿二年正月……阴义本兄义全"，为初唐重绘时所题；初唐第386窟南壁经变图中央，因壁画表皮脱落而露出泥壁上题记："上元二年七月十一日绘记"；盛唐第41窟北壁贤劫千佛的原泥壁上露出："开元十四年五月十一日记□"，是画壁前随意试笔时题写的当时绘窟的时间；第401窟为隋代窟，东壁及甬道后经五代重绘，东壁观音像旁题记："南无观世音菩萨壬午年六月五画毕功记也"。详见万庚育. 珍贵的历史资料——莫高窟供养人画像题记//敦煌研究院. 敦煌莫高窟供养人题记. 北京：文物出版社，1986：179-192.

② 马德. 敦煌莫高窟史研究. 兰州：甘肃教育出版社，1996：38.

③ 张伯元. 安西榆林窟//马德. 敦煌莫高窟史研究. 兰州：甘肃教育出版社，1996：38.

为我们了解佛窟壁画绘制所用的时间具有重要的参考意义。

5.4 结论 道可道也

通过以上五章的书写,本文已从宏观的角度考察了敦煌绘作制度对敦煌艺术的影响,也从微观的角度分析了在敦煌绘作制度之下,工匠具体的艺术创作、工作方式、生存状况等内容,进而明确了敦煌绘作制度在敦煌石窟群营建过程中的具体形态和主要特征。

最后,我想根据不同历史时期的行政制度、经济结构、文化特征、社会关系等方面的内容与敦煌绘作制度的具体关系,对本书进行整体梳理和总结。

5.4.1 敦煌绘作制度的主要表现形式和特点

1)协调保障机制

本书在第一章《敦煌行政制度对敦煌艺术的影响》中指出,从北凉时期的石窟建筑群(第268、272、275窟),到东阳王元荣主持营建的西魏第285窟、建平公于义主持营建的北周第428窟等,再到晚唐时期的张氏家族、五代时期的曹氏家族营建的石窟,都说明敦煌各个时期的行政首脑几乎是无一例外的都参与了石窟的营建工作,他们有的甚至还直接参与了壁画的设计工作。行政首脑的直接参与,保证了营建水平、工匠数量、组织管理模式都处于一个较高的水准之上。

本书在第五章第一节中指出,历代敦煌石窟的开凿都是按顺序进行的,无论是敦煌莫高窟,还是安西榆林窟。我们在石窟崖面上看见了一个个的"时代区域"。这种富有章法的崖面布局，正是由于历代行政长官以及宗教首领亲自主持营建工作的结果。他们的参与，使各个时期的行政力量和社会意识形态介入工程，成为营建"法则"保持强大执行力的有力保证。即便是在民众参与意识高涨的唐代，这种"法则"依然是被当时社会所共同认可的一种规范。所以，敦煌绘作制度是在石窟营建过程中自发形成的、具有强大执行力的一种非正式的规范和习惯。

自隋代开始，敦煌开始了大规模的营建活动，到公元8世纪后期，莫高窟崖面上已有300多个洞窟，同时还出现了巨型佛像。这些营建活动都必须以丰富的物质基础为前提。所以，敦煌石窟的营建规模始终是依附于不同时期的社会经济体系。

因此，敦煌绘作制度自始至终都"镶嵌"在敦煌不同历史时期的政治、经济、社会意识形态当中，并作为一种有效的、具有执行力的协调保证机制而存在。它确保了材料的配给、人员的统辖以及各部门之间有效的联系，形成了营建的标准体系，规范了个体行为，为敦煌石窟的营建工作提供了一个秩序化、系统化、组织化的营建环境。

2）敦煌绘作制度的特点

敦煌绘作制度保证各项工作的有序展开和顺利进行，确立各项营建工作的基本模式；在文化层面上，它还具有"自调整性"的特点。（本书在第四章第三节《图案设计》中，已对"自调整机制"有过详细的说明）。

敦煌作为西方文化东来的最初浸染地和中国文化西传的重要基地，无论是在敦煌文献中还是在石窟艺术中，都反映出中古时期敦煌工匠复杂的人种及文化属性。本文在第二章第二节《敦煌工匠队伍的构成》中,已讨论过不同民族的工匠在艺术创作中所带来的文化上和创作方法上的差别。

在这样的文化条件下,敦煌绘作制度作为一种"自调整机制"而存在,它灵活调整了各族工匠在石窟营建过程中的相互关系;在新思想的引进与融合的过程中,它使得各族工匠在艺术形式上不断突破,创造出来一系列适合当时当地人民生活、风俗和观念的艺术样式。

敦煌绘作制度的这一特性,使其具有了强大的文化再生能力,不仅培养了自身成熟的审美意识与艺术形式,最终还形成大范围的文化认同。

5.4.2 敦煌绘作制度的内化——工匠制度

1) 工匠的主要工作方式

根据本书第四章第一节《敦煌壁画中的辅助线》中的讨论,工匠在绘制尊像画时所使用的辅助线,由一开始繁复的网状比例格,逐渐发展为大小二圆,最后发展到直接使用刺孔粉本。这展现出画工不断简化绘制方法的过程,也逐渐降低了对画工的技术要求,这又为容纳多个不同水准的画工同时作业提供了可能。

另外,根据本书第四章第三节《图案设计》中的分析,画工将复杂的图案形式简化为易于把握的形式构件,这允许技能和经验悬殊的画工同时参与图案绘制。这种绘画方式让画工处在一个不容易犯错的工作环境中,促使画工萌发出强烈的参与意识。这不仅保证了绘制的质量,还提高了绘制的速度。

本文的第四章第二节《造像中模制工具的应用》指出,在塑像的制作过程中,不同工种的塑匠按照各自的计划行事,并出现了各组的小规模的制作流程，塑像的不同制作程序间必须要有顺畅的衔接与协调。这促使塑像的整体制作过程逐渐专业化和规范化，并形成系统化的工作体系。

由此可见，壁画绘制和塑像制作都被量化为通过不同构件和工序相配合的逻辑过程，每个工作环节都成为可以控制的，制作流程也逐渐被固定和完善，形成了一个模式化和制度化的标准程序。这种创作方式，消减了工匠的个人创作自由，工匠主要依靠从经验积累的诀窍与技巧来进行创作，而其工作形式也从个体创作为主转向了通过计划、成规来协调众多力量的集体创作。这是一个由个人经验逐渐转向集体经验的过程。

2）工匠制度

由壁画绘制和塑像制作的创作过程可以看到，工匠的工作基于一套系统、合理的工作方法和行之有效的组织结构。这已完全区别于由个人一步步单独完成的"贯彻始终"的创作和制作模式。这种分工合作的工作方式必须要以严密的工匠制度为前提。

本文在第二章《敦煌的工匠制度》中已指出，在敦煌工匠内部普遍存在着一种固定的等级结构。这不仅确保了工匠创作过程中材料的配给、人员的统辖以及各部门之间的密切联系等关键问题能够得到有效解决，还维系了一个有组织的、稳定的社会结构。

普通画工如果想要取得一定的技术级别，就要在已有的规范体系和绘制标准中获得认可；工匠技术级别提升的过程，也是工匠逐渐熟悉社会风俗、习惯与规范的过程。敦煌工匠制度是在社会化过程中对工匠的成功内化，这也是敦煌绘作制度的一种内化。

本文在第二章第一节《工匠的等级结构》中指出，敦煌自北周开始就有了专业的制作团体，唐代已经出现了专业的手工业行会。这些大大小小的专业团体使得工匠的工作过程是在一个有体系的、完善的组织机构内完成的。同时，在不同团体或不同行业内，也都普遍存在着固定的工匠等级结构，这方便了不同行业之间的协作与交流。

敦煌绘作制度通过不同行业、不同团体相互间的互动与交流，形成了一个体系庞大且运行良好的立体网络。在这个立体网络中，工匠的地位可以相互换算，他们彼此之间社会性的接触和互动日益频繁。敦煌绘作制度所形成的这张立体网络，成为工匠们共享信息和创意的有效传播途径。当一种有效的绘制方法出现后，它会立即被应用到其他门类的壁画绘制中。

所以，敦煌绘作制度同样也是"镶嵌"在当时的社会关系系统之中，它使得小规模的互动透过网络转变为大规模的结构形态，它使个人经验逐渐转向集体经验，使得个人行为汇聚而成为集体行为，最终使得各行业间形成了共有的价值与规范体系；这反过来又成为约束或指引工匠工作与行为的标准。

5.4.3　敦煌绘作制度的行政化——敦煌的画院制度

本文在第三章《敦煌的画院制度》中已经指出，曹氏归义军时期专门设立了营建石窟的专门管理机构——曹氏画院，具体包括官府画院、官府作坊、民间画行这三个机构。画院制度不仅营造了专业化和体系化的制作环境，还锤炼与维系了有组织的社会结构，甚至推广了强有力的官僚体制。同时，这一时期的画院制度对于其他类型的、大规模的生产技术的兴起无疑是有促进作用的。

这种政府强势介入而形成的画院制度具有强大的执行力。画院制度有效地保障了这一时期浩繁而重大的营建工作，在劳动力组织、分工、质量控制、系列化加工等方面都形成更加规范化的组织模式，提高了洞窟营建效率，甚至还提出了具体的制作规格。但这又使工匠陷入一种机械化的制作过程，工匠们失去了创作的主动性与自由度，最终导致了敦煌石窟艺术的僵化与衰退。

总之，敦煌绘作制度无论是作为一种潜在的协调保障机制，还是显现为敦煌画院制度，它自始至终都"镶嵌"在敦煌不同历史时期的政治、经济、文化以及社会关系系统之中。敦煌绘作制度保证了营建工作的顺利进行，培养了专业化的营建队伍，确立了敦煌石窟的工作模式，形成了共有的价值与规范体系。

更为重要的是，敦煌绘作制度将不同种族、不同文化兼容并蓄，产生出具有独特风格的地方艺术以及工作方法，产生了与当时的政治、经济、文化等各方面相匹配的习俗、惯例。敦煌绘作制度所调节的范围相当广泛，并且长期发挥作用，它同样适用于类似的手工业劳动。

敦煌绘作制度贯穿于整个敦煌艺术的创作过程中，我们很难用一种简单的陈述来给艺术创作中的敦煌绘作制度定义，它将多彩生活方式融为一体后形成自己的生态系统。这是一种乐观、自信的态度与强健的创造力、适应力的体现，更是东方人文精神的体现。

参考文献

1）国内

[1] 段文杰. 敦煌石窟艺术研究. 兰州：甘肃人民出版社，2007.

[2] 敦煌文物研究所. 中国石窟·敦煌莫高窟（第四卷）. 北京：文物出版社，1987.

[3] 敦煌文物研究所. 敦煌莫高窟内容总录. 北京：文物出版社，1982.

[4] 敦煌文物研究所. 敦煌研究文集. 兰州：甘肃人民出版社，1982.

[5] 敦煌文物研究所. 中国石窟·敦煌莫高窟（第二卷）. 北京：文物出版社，1987.

[6] 敦煌文物研究所. 中国石窟·敦煌莫高窟（第三卷）. 北京：文物出版社，1987.

[7] 敦煌文物研究所. 中国石窟·敦煌莫高窟（第五卷）. 北京：文物出版社，1987.

[8] 敦煌文物研究所. 中国石窟·敦煌莫高窟（第一卷）. 北京：文物出版社，1987.

[9] 敦煌文物研究院. 中国石窟·安西榆林窟. 北京：文物出版社，2012.

[10] 敦煌研究院，中国石窟保护研究基金会. 敦煌壁画艺术继承与创

新国际学术研讨会，2007.

[11] 敦煌研究院. 敦煌莫高窟供养人题记. 北京：文物出版社，1986.

[12] 敦煌研究院. 敦煌石窟全集13 图案卷（上、下）. 香港：商务印书馆（香港）有限公司，2000.

[13] 敦煌研究院. 敦煌石窟全集20 藏金洞珍品卷. 香港：商务印书馆（香港）有限公司，2000.

[14] 敦煌研究院，本卷主编段文杰，樊锦诗. 敦煌石窟全集1 再现敦煌. 香港：商务印书馆（香港）有限公司，2000.

[15] 敦煌研究院，本卷主编樊锦诗. 敦煌石窟全集4 佛传故事画卷. 香港：商务印书馆（香港）有限公司，2000.

[16] 敦煌研究院，本卷主编李永宁. 敦煌石窟全集3 本生因缘故事画卷. 香港：商务印书馆（香港）有限公司，2000.

[17] 敦煌研究院，本卷主编罗华庆. 敦煌石窟全集2 尊像画卷. 香港：商务印书馆（香港）有限公司，2000.

[18] 敦煌研究院，本卷主编孙儒间，孙毅华. 敦煌石窟全集21 建筑画卷. 香港：商务印书馆（香港）有限公司，2000.

[19] 郝春文. 郝春文敦煌学论集. 上海：上海古籍出版社，2010.

[20] 贺世哲，敦煌研究院. 敦煌石窟论稿. 兰州：甘肃民族出版社，2003（2008.8重印）.

[21] 姜伯勤. 敦煌艺术宗教与礼乐文明：敦煌心史散论. 北京：中国社会科学出版社，1996.

[22] 姜伯勤. 唐五代敦煌寺户制度（增订版）. 北京：中国人民大学出版社，2010.

[23] 李崇峰. 佛教考古：从印度到中国. 上海：上海古籍出版社，2014.

[24] 梁晓鹏. 敦煌莫高窟千佛图像研究. 北京：民族出版社，2006.

［25］林保尧. 敦煌艺术图典. 台北：艺术家出版社，1991.

［26］刘进宝. 敦煌学通论. 兰州：甘肃教育出版社，2002.

［27］刘进宝. 唐宋之际归义军经济史研究. 北京：中国社会科学出版社，2007.

［28］马德. 敦煌工匠史料. 兰州：甘肃人民出版社，1997.

［29］马德. 敦煌莫高窟史研究. 兰州：甘肃教育出版社，1996.

［30］马世长. 中国佛教石窟考古文集. 北京：商务印书馆，2014.

［31］孟宪实. 敦煌民间结社研究. 北京：北京大学出版社，2009.

［32］聂锋，祁淑虹. 敦煌历史文化艺术. 兰州：甘肃人民出版社，1996.

［33］彭金章. 敦煌莫高窟北区石窟研究. 兰州：甘肃教育出版社，2011.

［34］荣新江. 敦煌学十八讲. 北京：北京大学出版社，2001.

［35］荣新江. 归义军史研究——唐宋时代敦煌历史考索. 上海：上海古籍出版社，1996.

［36］荣新江. 中古中国与粟特文明. 北京：生活·读书·新知三联出版社，2014.

［37］荣新江. 中古中国与外来文明. 北京：生活·读书·新知三联出版社，2014.

［38］沙武田. 敦煌画稿研究. 北京：民族出版社，2006.

［39］沈从文. 中国古代服饰研究. 北京：商务印书馆，2011.

［40］史苇湘. 敦煌历史与莫高窟艺术研究. 兰州：甘肃教育出版社，2002.

［41］宿白. 中国佛教石窟寺遗迹：3至8世纪中国佛教考古学. 北京：文物出版社，2010.

［42］韦正. 魏晋南北朝考古. 北京：北京大学出版社，2013.

［43］吴淑生，田自秉. 中国染织史. 上海：上海人民出版社，1986.

[44] 向达. 唐代长安与西域文明. 石家庄：河北教育出版社，2007.

[45] 萧默. 敦煌建筑研究. 北京：机械工业出版社，2002.

[46] 新疆维吾尔自治区博物馆. 古代西域服饰撷萃. 北京：文物出版社，2000.

[47] 邢义田. 画为心声：画像石、画像砖与壁画. 北京：中华书局，2011.

[48] 许平. 视野与边界. 南京：江苏美术出版社，2004.

[49] 宣和画谱. 王群栗，点校. 杭州：浙江人民美术出版社，2012.

[50] 阎文儒，陈玉龙. 向达先生纪念论文集. 乌鲁木齐：新疆人民出版社，1986.

[51] 袁宣萍，赵丰. 中国丝绸文化史. 济南：山东美术出版社，2009.

[52] 云冈石窟文物保管所. 中国石窟·云冈石窟（第一卷）. 北京：文物出版社，1991.

[53] 张广达. 文本、图像与文化流传. 桂林：广西师范大学出版社，2008.

[54] [唐] 张彦远. 历代名画记. 杭州：浙江人民美术出版社，2011.

[55] 赵丰. 敦煌丝绸与丝绸之路. 北京：中华书局，2009.

[56] 赵丰. 中国丝绸艺术史. 北京：文物出版社，2005.

[57] 郑岩. 逝者的面具：汉唐墓葬艺术研究. 北京：北京大学出版社，2013.

2）国外

[58] [日] 吉村怜. 天人诞生图研究：东亚佛教美术史论文集. 卞立强，译. 上海：上海古籍出版社，2009.

[59] [日] 池田温. 唐研究论文选集. 孙晓林，等，译. 北京：中国社会科学出版社，1999.

[60] [日] 池田温. 中国古代籍帐研究. 龚泽铣，译. 北京：中华书

局,1984.

[61][日]石松日奈子. 北魏佛教造像史研究. [日]筱原典生,译. 北京:文物出版社,2012.

[62][日]柳宗悦. 工艺文化. 徐艺乙,译. 桂林:广西师范大学出版社,2006.

[63][英]斯坦因. 西域考古记. 向达,译. 北京:商务印书馆,2013.

[64][英]柯律格. 中国艺术. 刘颖,译. 上海:上海人民出版社,2012.

[65][英]EH贡布里希. 理想与偶像——价值在历史和艺术中的地位. 范景中,杨思梁,译. 桂林:广西美术出版社,2013.

[66][法]伯希和,等. 伯希和西域探险记. 耿昇,译. 北京:人民出版社,2011.

[67][法]丹纳. 艺术哲学. 北京:人民文学出版社,1996.

[68][意]魏正中. 区段与组合:龟兹石窟寺院遗址的考古学探索. 上海:上海古籍出版社,2013.

[69][德]雷德侯. 万物:中国艺术中的模件化和规模化生产. 张总,等译;党晟,校. 2版. 北京:生活·读书·新知三联书店,2012.

[70][美]马克·格兰诺维特. 镶嵌——社会网与经济行动. 罗家德,译. 北京:社会科学文献出版社,2007.

论文

1)国内

[71]安家瑶. 莫高窟壁画上的玻璃器皿//北京大学中国中古史研究中心. 敦煌吐鲁番文献研究论集(第二辑). 北京:北京大学出版社,1983.

[72]段文杰. 敦煌晚期的莫高窟艺术//敦煌文物研究所. 中国石窟·敦煌莫高窟(第五卷). 北京:文物出版社,1987.

[73]段文杰. 唐代后期的莫高窟艺术//敦煌文物研究所. 中国石窟·

敦煌莫高窟四（第四卷）. 北京：文物出版社，1987.

［74］段文杰. 唐代前期的莫高窟艺术//敦煌文物研究所. 中国石窟·敦煌莫高窟（第三卷）. 北京：文物出版社，1987.

［75］段文杰. 榆林窟的壁画艺术//敦煌研究院. 安西榆林窟. 北京：文物出版社，2012.

［76］段文杰. 早期的莫高窟艺术//敦煌文物研究所. 中国石窟·敦煌莫高窟（第一卷）. 北京：文物出版社，1987.

［77］敦煌文物研究所. 新发现的北魏刺绣. 文物，1972.

［78］樊锦诗. 敦煌莫高窟北朝洞窟的分期//敦煌文物研究所. 中国石窟·敦煌莫高窟（第一卷）. 北京：文物出版社，1987.

［79］关晋文. 敦煌石窟早期壁画绘制方法小议//敦煌研究院，中国石窟保护研究基金会. 敦煌壁画艺术继承与创新国际学术研讨会. 2007.

［80］姜伯勤. 敦煌壁画与粟特壁画的比较研究摘要. 敦煌研究，1988（2）.

［81］李刈. 敦煌写本《董保德功德颂》的年代及有关问题. 敦煌研究，2007（6）.

［82］林徽因. 敦煌边饰图案初步研究//常沙娜. 中国敦煌历代装饰图案. 北京：清华大学出版社，2004.

［83］刘永增. 莫高窟第 158 窟的纳骨器与粟特人的丧葬习俗. http：//www. cnki. net/KCMS/detail/detail. aspx? QueryID = 4&CurRec = 1&recid = &filename = DHYJ200402001&dbname = CJFD2004&dbcode = CJFQ&pr = &urlid = &yx = &v = MDExNTBYTXJZOUZaWVI4ZVgxTHV4WVM3RGgxVDNxVHJXTTFGckNVUkwrZlkrWnVGaW5rVUwvTklTWFNaTEc0SHQ = .

［84］陆离. 敦煌文书中的博士与教授. http：//www. cnki. net/KCMS/detail/detail. aspx? QueryID = 1&CurRec = 1&recid = &filename = DHXJ199901008&dbname = CJFD9899&dbcode = CJFQ&pr = &urlid = &yx = &v = MzI3MDJYVFpMS3hGOWpNcm85RmJJUjhlWDFMdXhZUzdEaDFUM3FUcldNMUZyQ1VSTCtmWk

9WdUZDcmxWYnJOSVM =

[85] 马德. 董保德功德颂述略. 敦煌研究, 1996 (3).

[86] 马玉华. 敦煌北凉北魏时期石窟壁画的制作//敦煌研究院, 中国石窟保护研究基金会. 敦煌壁画艺术继承与创新国际学术研讨会, 2007.

[87] 彭金章, 沙武田. 试论敦煌莫高窟北区洞窟出土波斯银币和西夏钱币. 文物, 1998 (10).

[88] 沙武田. 敦煌莫高窟第158窟与粟特人关系试考. http：//www.cnki. net/KCMS/detail/detail. aspx？QueryID = 0&CurRec = 1&recid = &filename = SHIZ201002007&dbname = CJFD2010&dbcode = CJFQ&pr = &urlid = &yx = &v = MDA0OTFNclk5Rlk0UjhlWDFMdXhZUzdEaDFUM3FUcldNMUZyQ1VSTCtmWStadUZpbmtVNzdOTmlYQ2RMRzRlOUg = .

[89] 宿白. 平城实力的集聚和"云冈模式"的形成与发展//云冈石窟文物保管所. 中国石窟·云冈石窟 (第一卷). 北京：文物出版社, 1991.

[90] 孙纪元. 略论敦煌彩塑及其制作//敦煌文物研究所. 中国石窟·敦煌莫高窟 (第三卷). 北京：文物出版社, 1987.

[91] 万庚育. 珍贵的历史资料——莫高窟供养人画像题记//敦煌研究院. 敦煌莫高窟供养人题记. 北京：文物出版社.

[92] 王惠民. 董保德功德记与隋代敦煌崇教寺舍利塔. 敦煌研究, 1997 (3).

[93] 张文冠. 九州大学文学部藏敦煌文书《新大德造窟檐计料》字词考释二则. 敦煌研究, 2014 (2).

[94] 张学荣, 何静珍. 西千佛洞概说//敦煌研究院. 安西榆林窟. 北京：文物出版社, 2012.

2) 国外

[95] [日] 冈崎敬. 四、五世纪的丝绸之路与敦煌莫高窟//敦煌文物研究所. 中国石窟·敦煌莫高窟 (第一卷). 北京：文物出版社, 1987.

[96] [日] 邓健吾. 敦煌莫高窟彩塑的发展//敦煌文物研究所. 中国

石窟·敦煌莫高窟》(第三卷). 北京：文物出版社, 1987.

[97][日] 高田修. 佛教故事画与敦煌壁画//中国石窟·敦煌莫高窟(第二卷). 北京：文物出版社, 1984.

[98][美] 胡素馨. 佛教艺术的经济制度：杂物黎、储藏室和画行. http://www.book118.com/sheke/5/sort0921/702053.html.

[99][美] 胡素馨. 敦煌的粉本和壁画之间的关系//一九九四年敦煌学国际学术研讨会论文提要, 1994.

[100][美] 罗瑟福·盖特斯. 中国颜料的初步研究. 江致勤, 王进玉, 译. 敦煌研究, 1987 (1).

致　谢

在本书写作结束的时候，回想起许平老师直接给了我这个题目时，我尚不清楚许老师给了我一个宽阔的研究领域，我凭着自己傻大胆的个性开始了资料的搜集与步履蹒跚的写作，在这个过程中我才渐渐明白了许老师的高瞻远瞩。在这个新开拓的研究范围里，其实还有许多历史和理论问题值得继续深入讨论。

这次写作对我来说是一次非常珍贵的快乐历程。在这个过程中，我填补了旧有知识的不足，更为重要的是，我在学术上有了更加开阔的视野。特别是当我在写作过程中遇到种种困难时，许老师不嫌我莽撞幼稚，总是不厌其烦地耐心指导。无论是在史论部沙龙，还是在办公室，许老师都针对我写作中的问题示我以治学门径，这极大地引发了我对研究的兴趣。所以，本书是在许老师的悉心指导与鼓励下才得以顺利完成的。

回忆这几年的求学时光，我衷心感谢许老师给了我在美术学院学习的机会。正是在美术学院，我才真正见识到学术研究的崇高、深邃与自由。从美术学院的课堂到许老师的言传身教，一扇扇学术的门扉在我面前打开。我不仅在这里学到了知识，更感受到学者的人格精神的魅力。它足以烛照我的生活之路，使我无怨无悔地坚持自己的选择。在这四年里，感谢许老师有意或无意的打磨、含蓄或直白的教导，是许老师令我感受到了学术研究的魅力。

　　博士学习阶段即将结束，我为拥有这样一段求学时光而深感幸运与满足。感谢许老师一直以来的关怀和指导；感谢史论部的同学们，特别是张馥玫、李文静、赵静、曹田，他们给予了我温暖与快乐；也非常感谢我至爱的家人，用无限的爱和付出，替我分担了我本应尽的责任与义务，使我能够有宝贵的时间来顺利完成学业。特别是我的先生吴洋，一直以来都鼓励和引导我要勇敢地追逐学术理想。我无论是遇到困难，还是获得进展，他都一直陪伴在我身边。

　　在美院的这段美好光阴里，有师长的关怀、朋友的关照、亲人的关爱，让我倍感幸福，真想让时间永远停留在这宝贵的四年。